U0740009

[美] 供应链管理专业协会（CSCMP）
娜达·桑德斯（Nada Sanders） 著

荣岩 译

供应链运营管理

流程协同，打造高绩效、强竞争供应链体系

人民邮电出版社

北 京

图书在版编目（CIP）数据

供应链运营管理 ：流程协同，打造高绩效、强竞争
供应链体系 / 美国供应链管理专业协会（CSCMP），（美）
娜达·桑德斯（Nada Sanders）著 ；荣岩译. — 北京 ：
人民邮电出版社，2020.9（2024.3重印）
ISBN 978-7-115-54316-5

Ⅰ. ①供… Ⅱ. ①美… ②娜… ③荣… Ⅲ. ①企业管
理—供应链管理 Ⅳ. ①F274

中国版本图书馆CIP数据核字(2020)第111232号

版权声明

内 容 提 要

　　如今，激烈的全球竞争、快速的经济变化以及不断迭代的信息处理技术，使得运营管理成为企业关注的焦点。作
为"业务引擎"，运营管理可以帮助企业在这种激烈的竞争环境中取得成功。

　　本书解读了运营管理的关键要素、战略规划、协同流程、技术应用方式、绩效考核指标，为企业实现降本增效、
提升客户服务水平的战略目标提供强有力的支持。

　　全书内容集系统性、可操作性于一体，对供应链管理、运营、销售等从业人员来说可参考性强。此外，企业中高
层管理者，也可通过阅读本书了解供应链运营管理的要点，为具体的企业管理工作提供相应支持。

◆ 著　　　［美］供应链管理专业协会（CSCMP）
　　　　　　娜达·桑德斯（Nada Sanders）
　　译　　　荣　岩
　　责任编辑　马　霞
　　责任印制　周昇亮

◆ 人民邮电出版社出版发行　　北京市丰台区成寿寺路 11 号
　　邮编 100164　　电子邮件 315@ptpress.com.cn
　　网址 https://www.ptpress.com.cn
　　固安县铭成印刷有限公司印刷

◆ 开本：700×1000　1/16
　　印张：14.25　　　　　　　　2020 年 9 月第 1 版
　　字数：163 千字　　　　　　　2024 年 3 月河北第 7 次印刷
　　　　　　著作权合同登记号　图字：01-2019-7543 号

定价：79.80 元

读者服务热线：(010)81055296　印装质量热线：(010)81055316
反盗版热线：(010)81055315
广告经营许可证：京东市监广登字 20170147 号

献给所有想要学习"业务引擎"如何运作的读者

关于作者

    娜达·桑德斯（Nada Sanders），艾科卡（Iacocca）主席，利哈伊大学（Lehigh University）供应链管理学教授，是商业预测和供应链管理领域国际公认的专家。她于俄亥俄州立大学（Ohio State University）获得博士学位和工商管理硕士学位，并著有100多篇学术出版物。她曾与多家公司合作，经常受邀为顾问、专家证人和主讲人。

    供应链管理专业协会（Council of Supply Chain Management Professionals，CSCMP）成立于1963年，是全球的卓越专业协会，致力于推进供应链管理研究和传播供应链管理知识。协会拥有来自67个国家的8,500多名会员，会员几乎覆盖所有行业以及政府和学术界，他们均是物流和供应链管理领域的领军人物和权威人士。协会由经选举产生的全球官员小组领导，总部设在美国伊利诺伊州隆巴德。

推荐序一

从认识与操作两个层面去创新供应链

什么是供应链？根据 2012 年《物流术语》国家标准，"供应链是生产与流通过程中，为了将产品与服务交付给最终用户，由上游与下游企业共同建立的网链状组织"；在 2017 年国务院办公厅颁布的《关于积极推进供应链创新与应用的指导意见》中，"供应链是以客户需求为导向，以提高质量和效率为目标，以整合资源为手段，实现产品设计、采购、生产、销售、服务等全过程高效协同的组织形态"。这两种定义是一致的，从网链状组织到组织形态、商业模式和治理结构，定义有了提升。国外研究者对供应链的定义更多，但大同小异。

中国供应链的发展，我认为要从认识与操作两个层面去促进。毛主席在《实践论》中有一个精辟论断："感觉只解决现象问题，理论才解决本质问题。""理论若不和革命实践联系起来，就会变成无对象的理论，同样，实践若不以革命理论为指导，就会变成盲目的实践。"理论来于实践，又反作用于实践。不解决供应链的认识问题、理论问题，就会变成盲目的供应链实践。

对供应链的认识我认为主要是三个方面：一是供应链的本质是什么；二是供应链与物流是什么关系；三是供应链对推进国民经济发展以及经

济全球化起什么作用。

帕拉格·康纳（Parag Khanna）在《超级版图》一书中有句名言："供应链大战的目的不在于征服，而是要与世界上最重要的原材料、高科技和新兴市场建立起物理和经济上的联系。21世纪，谁统治了供应链，谁就统治了世界。"2012年，美国政府签发了《美国全球供应链国家安全战略》，把供应链上升为国家战略。2020年，新冠肺炎疫情在全球蔓延，对世界经济发展造成巨大冲击，习总书记说："确保全球供应链开放、稳定、安全。"这些充分体现了供应链的地位与作用，这种体现企业、产业、城市、区域与国家竞争力的软实力无可替代。

如果说2005年美国物流管理协会（Council of Logistics Management，CLM）更名为供应链管理专业协会（Council of Supply Chain Management Professionals，CSCMP），标志着全球进入供应链管理时代，那么2017年国务院办公厅颁布的《关于积极推进供应链创新与应用的指导意见》，标志着中国进入了现代供应链新阶段。

2018年，《财富》（Fortune）杂志公布的世界500强企业中，前25位有5家中国企业，前100位有22家中国企业，但由高德纳（Gartner）公司每年公布的全球供应链25强企业中，中国没有一家，在100强排名中，中国企业只有3家，即联想（第26位）、华为（第35位）、海尔（第41位）。在供应链管理领域，中国还有很大进步空间，我们刚刚起步，必须奋起直追。

追赶需要落实，需要创新，实践就要提上议事日程。从国家层面，266家供应链试点企业、55座试点城市以及多个产业部门进行了积极探索，取得了阶段性成果。从市场层面，许多企业从实际出发，推进供应链的应用与创新，总结了不少典型模型。但从总体上讲，一些企业没有"上道"，过于浮躁，缺乏总体设想，片面地追求不切实际的目标。

供应链管理的理想模式是生产企业和物流企业形成长期、稳定的供应链伙伴关系，企业将物流作为生产能力的一部分。从原材料采购、生产制造、成本控制、交付到维修回收，企业采用一体化的供应链管理流程。标准的流程才可能降低总体供应链管理成本，提高投资回报率。目前国际上主流的供应链管理流程有 SCOR 模型、CSCMP 流程标准与全球供应链论坛提供的供应链流程。

CSCMP 作为全世界公认的物流和供应链领域内权威的专业协会之一，提出了《供应链管理流程标准》第 1 版和第 2 版，将供应链流程划分为计划、采购、制造、交付和回收 5 个基本结构。在 5 个基本结构的基础上，增加了一个执行的流程，总共 6 个部分。每个主要流程都包括了很多次级流程。

由人民邮电出版社出版的供应链系列图书，充分体现了这个标准流程的 6 个部分。这套丛书是国际供应链专家的经验之作，代表了当代供应链理论与实操的较高水平，对提升中国企业供应链管理水平将起到很好的作用。我们要特别感谢 CSCMP 中国园桌会协助引进这套教材，要感谢所有参与翻译、审校的各位专家，他们付出了大量的心血。

中国经济正处于转型发展阶段，而企业是国民经济的"细胞"，没有企业的转型发展，特别是制造业的转型发展，就没有国家的转型发展。打造一个开放、稳定、高效、绿色、安全的弹性供应链，关系到国家的安全。

丁俊发

中国知名流通经济学家、资深物流与供应链专家

享受国务院特殊津贴

推荐序二

时代变革与供应链管理者的使命

从电商到新零售，从贸易摩擦到抗击新冠疫情，供应链管理正在走向舞台的中央——供应链管理者角色与使命从来没有像今天这么重要。当供应链管理上升为国家战略，当供应链管理成为新的职业，供应链管理者的时代已经来临。

如何成为好的供应链管理者？如何找到最佳知识源泉？哪一种知识体系最权威？你选择的路径决定你的出路——你不能走错路重来，否则那时候你会发现已经远远地落在了别人后面。CSCMP 参与组织引进的这套书，为你指引了方向。

过去 20 多年的时间里，我所做的一项重要工作，就是引入美国的供应链内容资源与知识体系。

几年前，我也曾在国内高校供应链课程建设研讨会上讲述美国的物流与供应链教育。

从 2000 年起，我坚持每年去美国参加全球物流年会。2005 年，美国的物流管理协会更名为供应链管理专业人员协会（简称供应链管理专业协会），标志着全球物流进入供应链时代。这件事大家可能已经听过很多次了。2004 年 9 月 24 日在北京举办的第五届中国国际物流高峰会上，我发表了"时代变革与物流的使命"主题演讲，在今天看来，我当年的观点仍然不过时。

2004 年发表演讲时，我已经知道 2005 年美国物流管理协会要更名。2005 年的全球物流年会是在美国加州的圣地亚哥举办，主题为"追赶供应链浪潮"，讨论的核心是物流全面拓展到供应链管理领域。之后的事情可能大家都知道了。2006 年，CSCMP 推出《供应链管理流程标准》，2007 年清华大学出版社出版了由我牵头翻译、校对的中文版。到撰写这份推荐序时，《供应链管理流程标准》第 2 版的中文版也即将付印、出版了。这两版流程标准，成为供应链管理知识体系的核心。

中国进入供应链时代，是以 2017 年国务院办公厅颁布的《关于积极推进供应链创新与应用的指导意见》为标志的，这说明供应链已上升为国家战略。国家对供应链这一领域越来越重视，至今相继颁布了相应的文件来促进中国供应链快速发展，以达到国际水准。

任何行业的发展，都需要有专业知识和技能的人来推动。2019 年 9 月 23 日，在美国洛杉矶安纳海姆举办的全球供应链峰会上，会长兼首席执行官瑞克·布拉斯根（Rick Blasgen）在开幕式上说，美国供应链就业人数 4,400 万人，占整个就业人口的 37%。可见供应链对整个美国经济的重要性。

在供应链上升为中国国家战略之后，供应链人才的供给已经远远跟不上需求的步伐了，供应链人才培养的问题也提上了日程。2020 年 2 月 25 日，人力资源和社会保障部、国家市场监督管理总局、国家统计局联合向社会发布了 16 个新职业，其中就包括供应链管理师这一职业。

无论你是现在准备进入供应链领域，还是已经在供应链某一垂直领域的岗位上，都需要选择一个合理的路径，采用科学的方法学习和进行职业训练，使自己能够快速地在供应链领域中成长，迅速达到国家职业标准，同时还要争取成为国际化的供应链管理者。

要成为国际化的供应链管理者，就要获得国际化的知识资源。一个人成功的速度，取决于学习的能力和速度。在知识爆炸的时代，在数字化时代，计算机这种"超级大脑"一秒钟就可以读几百万本书。但是，个人却不能快速地把需要的知识转化为自己的本领。所以，选择知识体系很重要。

今天，CSCMP 确实已经成为全球物流和供应链领域中最有影响力的组织之一。协会是全球供应链思想领袖汇聚的平台，处于定义产业、引领方向的地位。从协会给专业人员提供的支持和服务来看，CSCMP 的宗旨说明了一切：教育和连接全世界供应链管理者。《供应链管理流程标准》给出了包括计划、采购、制造、交付、回收（退货）、执行在内的 6 个部分的标准架构，但没有涉及各个部分的深入分析。人民邮电出版社出版的这套供应链丛书，覆盖了供应链管理中计划、采购、生产、运输等核心流程模块，也包含了丰富的全球企业案例，保证了内容的全面性和专业性。这套丛书，是美国注册供应链管理师 SCPro 项目配套的教材。这套丛书的引进，为中国的供应链管理者掌握国际化的知识体系提供了权威的工具。

CSCMP 会长兼首席执行官瑞克·布拉斯根在 2005 年就曾说过："这是一个成为供应链管理者的伟大时代。"

当你立志成为一个供应链管理者，那剩下的事就是如何发展你的事业，绽放你的人生。

知识获取需要平台，事业的发展也需要平台。CSCMP 实际上就是我获益最多的知识获取平台和事业发展平台。CSCMP 在全球 75 个国家和地区拥有 105 个圆桌分会，由 8,500 多名物流与供应链领域专业人员构成，最具有代表性的活动是每年举办的全球峰会。峰会每年至少有三四千名来自全球的物流与供应链领域专家、学者以及企业高管参加，他们齐聚一堂，探讨和交流供应链前沿趋势。CSCMP 是知识源泉，也是信息源泉。CSCMP 的专业资讯平台包括供应链管理通信、供应链实时热点、物流年报、美国商业物流杂志等。我在自学的同时也会参加行业活动，包括沙龙、培训以及会议等，这样不仅可以提升我的人际交往能力和沟通能力，同时还可以拓展我的职业网络。

万丈高楼平地起，要想攀升到事业的巅峰，我们需要找到事业发展的阶梯。我希望这套丛书能给大家提供好的内容资源，且每个供应链管理者也都能利用好协会这个宝贵的资源平台。

人生路漫漫，通向成功的路不止一条。外国人说，条条大路通罗马。中国人说，条条大路通北京。成为供应链管理师的路可能不止一条。我相信知识溢出效应，在前人的基础上前行，总能加快我们学习的速度，提升我们学习的效率。

王国文 博士

中国（深圳）综合开发研究院物流与供应链管理研究所所长

CSCMP 中国首席代表

推荐语

对于制造业来讲，运营处于供应链的核心环节，涉及的业务和技术较多，包括组织方式、工艺管理、生产计划、过程控制、物料保障等。这本书以计划为主线，围绕计划类型制定、过程质量控制、设施布置、信息化业务系统及运营中的新兴技术展开了系统论述。我相信从业者能够通过对这本书的学习、理解和应用，显著提高运营效率和质量。

曾江辉

中国航空综合技术研究所研究员

这本书是供应链运营管理方面的经典权威图书。万变不离其宗，书中总结的长期、中期和短期运营规划，以及高效、有效和可持续的运营管理策略和技能，至今仍然是从事和学习运营管理的重要参考指南。

唐隆基

中国数字化学会特聘终身顾问

罗戈研究院副院长

中国供应链发展正处于从"自发"走向"自觉"的阶段，从业者急需一套与实践紧密结合的系统性理论指导体系。CSCMP 基础级注册供应链管理师指定教材，构建了供应链管理底层知识结构和方法，能够帮助从业人员有效搭建全局性供应链知识应用框架，非常值得阅读和学习。

秦璐

北京交通大学物流工程系副主任

中物协（北京）物流工程设计院副院长

随着经济全球化高速发展，产业逐渐专业化、精细化，供应链管理成为社会热点，其管理的范畴也日趋扩大。本书深入浅出地阐述了运营管理的战略和战术以及运营决策的过程和细节，是一本适合从业者仔细研读的权威指南。深入了解运营管理将有助于从业者更好地选择、评估和管理供应商，也有助于从业者在自制 / 外包决策时做出明智的选择。

王保华

原芬兰 ElcoteQ 集团、原海尔集团副总裁

中国物流学会常务理事

目录

01　运营管理概述

定义运营管理 /002

　　运营管理的转换作用 /003

　　制造组织与服务组织运营的差异 /004

　　运营管理在组织和供应链中的作用 /005

组织决策层次 /007

与运营管理相关的关键术语 /008

推动运营管理成功的关键过程 /010

　　生产计划过程 /010

　　主生产计划过程 /012

　　物料需求计划过程 /013

　　粗能力计划过程 /013

衡量生产力水平 /014

盘点库存 /016

　　持有库存的原因 /017

　　库存类型及其用途 /019

库存策略选择 /020

固定订货量系统 /020

固定间隔期系统 /022

固定订货量系统的库存策略 /024

订购多少 /024

何时订购 /026

独立需求与非独立需求的关系 /027

ABC 库存分类法 /029

供应商管理库存 /030

现代运营经理面临的挑战 /031

02 运营管理的关键要素和过程

计划决策的层次 /036

战略运营决策与战术运营决策 /037

生产计划 /038

生产计划的不同类型 /039

设备需求计划 /041

资源计划 /042

主生产计划 /042

物料需求计划 /043

粗能力计划 /045

作业计划 /045

高产量作业 /046

低产量作业 /046

作业排序 /048

全面质量管理 /051

统计过程控制：过程能力和过程控制图 /054

　　变差 /054

　　过程能力 /055

　　过程控制图 /058

六西格玛 /059

六西格玛方法论 /060

ISO 标准 /062

约束理论 /063

5S/064

03　运营管理战略

运营管理战略概述及其重要性 /070

战略一致性 /072

竞争优先权 /073

　　基于成本 /074

　　基于质量 /075

　　基于时间 /076

　　基于柔性 /077

　　运营结构和运营基础设施 /078

　　订单赢得要素和订单资格要素 /079

过程战略 /080

　　间歇过程 /081

　　重复过程 /081

产品过程矩阵 /082

运营过程类型 /084

设施布局战略 /086

固定位置布局 /087

过程布局 /087

产品布局 /088

单元布局 /089

生产线平衡 /090

步骤 1：确定任务次数和优先关系 /090

步骤 2：确定周期时间 /091

步骤 3：向工作站分配任务 /092

步骤 4：计算效率 /092

库存定位战略 /093

按订单生产 /094

按库存生产 /094

按订单装配 /095

比较库存定位战略 /096

外包战略 /098

外包与垂直整合 /100

04 技术在运营管理中的作用

技术的作用 /104

运营管理技术类型 /105

企业资源计划（ERP）/106

ERP 的演化 /108

　　企业前期资源计划软件 /109

　　实时处理软件 /110

　　ERP 系统的侧重点 /110

ERP 的好处 /111

ERP 的计划能力 /113

　　战略商业计划 /114

　　生产计划 /114

　　主生产计划 /115

　　物料需求计划 /115

　　能力需求计划 /116

　　运营执行、控制和报告 /116

双层 ERP/117

ERP 软件的不足 /118

成功实施 ERP 的步骤 /120

　　步骤 1：技术需求确定 /121

　　步骤 2：软件安装 /122

　　步骤 3：数据清洗 /122

　　步骤 4：测试 /122

　　步骤 5：员工培训 /123

　　步骤 6：试运行 /123

其他信息技术 /124

　　全球定位系统 /124

　　无线射频识别 /125

自动化的优势与劣势 /126

自动化物料搬运 /128

柔性制造系统 /129

机器人 /129

计算机辅助 /130

    计算机辅助设计 /131

    计算机集成制造 /132

新兴技术 /132

    3D 打印 /132

    响应式网页设计 /134

    小数据 /134

05　全球运营在现代市场中的作用

全球运营的好处及影响全球运营的因素 /141

全球运营的挑战 /144

    全球消费者 /145

    全球化营销法与本土化营销法 /145

    文化挑战 /147

全球基础设施设计 /147

    劳动力 /148

    交通运输 /148

    供应商 /149

    技术的重要性 /150

成本因素 /151

    隐性成本 /151

非成本因素 /153

回流趋势 /154

总拥有成本的重要性 /155

销货成本或上岸成本 /156

其他"硬"成本 /156

潜在的风险相关成本 /159

战略成本 /161

环境成本 /161

政治和经济因素的作用 /162

汇率波动 /164

区域贸易协定 /166

非关税壁垒影响 /167

06 评估绩效的指标和框架

指标和衡量的重要性 /172

指标类型 /178

组织层次指标 /181

预测性指标和结果指标 /182

权衡优先权 /184

衡量过程绩效的几个指标 /185

生产力 /185

效率 /186

周期时间 /187

衡量客户服务 /188

　　客户服务要素 /189

　　重要的关键绩效指标 /193

衡量系统和框架 /194

　　监测的可选项 /194

　　平衡计分卡 /196

　　初始平衡计分卡涉及的领域 /197

　　新型平衡计分卡 /199

　　使用平衡计分卡的好处 /201

01

运营管理概述

定义运营管理

管理一项业务是通过管理该业务的多个业务职能实现的，而管理一个业务职能是通过管理该业务职能的特定业务模块实现的。从图 1-1 可以看出，这些业务职能的副总裁直接向公司总裁或 CEO 汇报。市场营销部负责销售、创造客户需求和理解客户需求。财务部负责管理现金流、流动资产和资本投资。管理信息系统（Management Information System，MIS）负责管理信息流。大多数人对金融和市场营销或多或少都有一些了解，但是运营管理是做什么的呢？

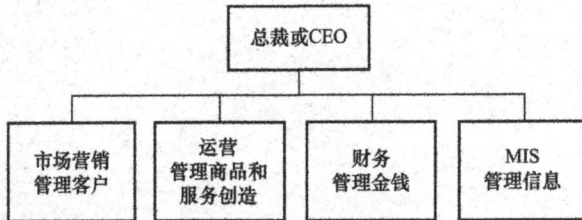

图 1-1　组织结构图

运营管理（Operation Management, OM）是负责管理产品（本书会在不涉及交易销售的表述中使用更广义的"产品"一词）和服务创造过程的业务职能。运营管理包括计划、组织、协调和控制公司生产产品和服务所需的所有资源。由于运营管理行使的是管理职能，涉及管理人员、设备、技术、信息，以及生产产品和服务所需的所有其他资源，所以运营管理是每个公司的核心职能。无论公司的规模有多大，属于什么行业，是制造业还是服务业，是营利性的还是非营利性的，上述描述都是适用的。

以默克（Merck）这样的制药公司为例。默克公司的市场营销部门负责向目标客户推广新药品，并将客户的反馈传达给公司。市场营销部在本质上就是公司接触客户的窗口。默克公司的财务部门可以确保公司进行各种业务（包括研发）的资金需求能得到满足。而设计、生产、向医院和药店等地运送药品所需的所有资源都需要运营部门来规划和协调。没有运营，公司就没有产品可以出售给顾客。

运营管理的转换作用

在将原材料等投入转换为产品和服务的过程中，运营管理发挥着转换作用，如图1-2所示。这些投入包括：人力资源，如工人、一般职工和管理人员；各种设施，如建筑物和设备；物料、技术和信息。在传统的转换模型中，产出是公司生产的产品和服务。

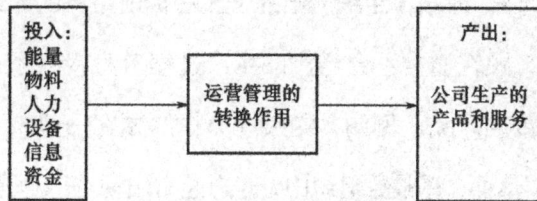

图1-2 运营管理的转换作用

在制造工厂，这种转换是将原材料转换为产品的物理变化，如将钢铁转换为汽车，将布料转换为夹克，或将塑料转换为玩具。服务性组织也是如此。在大学，运营管理涉及教师、课程和设施等资源，将高中毕业生转换为大学毕业生。在航空公司，运营管理涉及将乘客和他们的行李从一个地点运送到另一个地点。

运营管理的转换作用使其成为公司的"引擎室"。因此，运营管理对导致产品设计和交付问题的许多决策和活动负直接责任。运营设计和运营管理对制造产品或提供服务需要消耗的物料与资源数量有较大影响，公司需要确保有足够的库存来生产需要交付给客户的产品，并确保生产的产品是客户真正需要的。这些决策中可能有许多是代价高昂的。因此，公司需要明确运营管理职能来提高业绩和财务效率。

制造组织与服务组织运营的差异

所有组织可以大致分为两类：制造组织和服务组织。虽然这两个类别的组织都具有运营管理职能，但是由于其生产内容的性质不同，二者的差异对运营职能提出了独特的挑战。这两类组织主要存在两个区别。首先，制造组织生产实物或有形产品，在顾客购买产品之前，可将产品作为库存储备起来。而服务组织产出的是无法提前生产的无形产品。其次，在制造组织中，顾客通常不会与产品生产过程有直接联系，而是通过分销商或零售商接触产品。例如，购买计算机的顾客一般不会与生产计算机的工厂联系。然而，在服务组织中，客户通常出现在服务建立的过程中，通常会与运营的某些方面产生联系。例如，在餐厅或理发店，顾客在服务创造之初就已在场。

实际上，制造组织和服务组织之间的差异通常不像前面的例子那样表现得那么明显。二者之间通常有许多重叠之处，差异变得越来越模糊。大多数制造商将服务作为其业务的一部分，许多服务公司在服务交付过程中制造有形产品。例如，劳斯莱斯（Rolls-Royce）等喷气发动机制造商不仅生产发动机，还提供服务；理发店也可以出售自己的护发系列产品。

可以进一步将服务运营分为高接触性服务运营和低接触性服务运营。高接触性服务运营是指顾客在场的服务运营，如在邮局的服务区或餐厅的用餐区。然而，这些服务也存在低接触性部分。这部分可以被看作"后台"或"幕后"部分，如快餐店的厨房或医院的样本分析实验室。

除了纯制造组织和纯服务组织之外，还有一些企业同时具有二者的某些特征。很难判断这些企业到底是制造组织还是服务组织。例如提供自动化仓库或邮购服务的企业，这些企业的顾客接触性低且资金密集，其更像是提供服务的制造组织。这些企业被称为准制造组织。

制造组织和服务组织的运营要求是不同的，从劳动力要求到库存要求都是不同的，差异详见表1-1。因此，了解如何管理制造运营和服务运营非常重要。

表 1-1　制造组织与服务组织的差异

制造组织	服务组织
有形产品	无形产品
产品可以作为库存	产品不可以作为库存
低客户接触性	高客户接触性
响应时间较长	响应时间较短
资金密集	劳动力密集

运营管理在组织和供应链中的作用

运营管理在组织和供应链中起着至关重要的作用。没有运营管理，就没有产品和服务"可卖"。但是运营管理不能独立于其他业务职能。回想一下，每个业务职能都管理着其特有的业务，各个业务部门之间必须协同作用。例如，一方面运营部门必须与市场营销部门合作，以了解特定客户群体的真实需求。运营部门可以设计客户真实需要的产品，创建生产过程，有效地生产这些产品。另一方面，市场营销部门必须明晰运营部门的能力，包括运营部门可以生产的产品类型和生产过程的局限性。如果市场营销部门和运营部门之间缺乏沟通，公司可能会发现自己生产的产品并不是客户想要的。

运营部门还必须与采购部门密切合作，以了解物料的可用性、成本和质量问题、供应源的可用性，以及订货交付时间。运营部门需要将与客户密切联系的市场营销部门和与供应源联系的采购部门连接起来。运营部门必须准确把握客户的需求，并且确保采购部门能够以合适的价格在合适的时间内获得所需物料，或提供替代物料以支持产品设计。

公司必须确保运营管理与其他组织职能相协调，但这还不够。原因在于，每家公司都要依靠其供应链中的其他成员，才能够及时、高效地将合适的产品交付给客户。在公司供应链上游，公司依靠供应商及时交付原材料和组件，以满足生产需求。如果原材料延迟交付或质量低劣，无论公司的运营过程有多高效，生产都会被推迟。在供应链下游，公司依靠其分销商和零售商将产品交付给最终客户。如果产品没有按时发货，或在运输过程中破损，或在零售点摆放凌乱，销售都会受到影响。此外，如果供应链中的其他成员运营管理不当，会导致自身成本超额，那么其可能会以更高的价格售卖产品，导致该供应链下游其他成员的成本增加。

归根结底，身处供应链上游或下游的公司都需要协调和连接运营职能，这样整个供应链才能以无缝、高效的方式运营。以戴尔为例，戴尔使用的大部分组件都存放在距离其组装厂 15 分钟路程范围内的仓库里，并且戴尔一直与其供应商保持联系。戴尔认为，这些措施对于及时生产和交付组件来说至关重要。

组织决策层次

一般来说，组织有两个层次的决策。一是战略决策。战略决策范围广泛，着眼于长期目标，可奠定整个公司的发展方向。二是战术决策。战术决策范围有限，着眼于短期目标。这两种决策相互交织，公司会首先制定战略决策，战略决策决定战术决策的方向。公司会频繁、定期性地制定战术决策。因此，公司在制定决策时必须首先制定战略决策，然后再制定战术决策。二者的关系如图 1-3 所示。

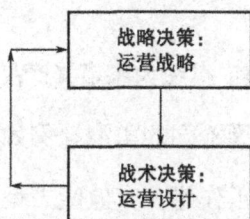

图 1-3 运营决策层次

战略决策为其他更为具体的决策奠定基调。在制定战略决策时要考虑以下问题：我们的市场在哪里（不在哪里）？我们的独特优势是什么？我们的竞争点是什么（不是什么）？考虑清楚这些问题对制定决策非常重要，因为它们明确了一家公司如何在市场上竞争，应在哪些市场上利用其独特优势进行竞争。

战术决策侧重于更为具体的日常问题，如特定资源的数量和时间、如何利用特定资源等。战术决策受到战略决策的制约。战术决策必须与战略决策保持一致，因为从长远来看，战略决策是保证公司运行的关键。战术决策会为战略决策提供反馈，公司可以根据反馈内容修改战略决策。如果没有战略决策的方向指导，公司可能会在对公司业务发展没有直接帮助的领域展开竞争，造成资源的浪费。以西南航空（Southwest Airlines）为例，该公司一直有明确的战略方向——降低成本。这直接影响其战术决策，如西南航空通过"服务一切从简"来降低成本，通过只使用一种机型的飞机来减少调度成本。

与运营管理相关的关键术语

运营管理部门需要做出许多战略决策和战术决策。以下是与运营管理决策相关的关键术语。

（1）能力计划——确定组织为满足其产品不断变化的需求所需生产能力的过程。能力可以分为不同的类型。例如，设计能力是一个组织在特定时间内能完成的最大工作量；有效能力是一个组织在特定时间内，在质量问题、时间延迟和物料管理等因素的制约下，能够完成的最大工作量。

（2）效率——以尽可能低的成本执行活动。

（3）企业资源计划（Enterprise Resource Planning, ERP）——大型成熟的软件系统，用于确定和计划整个企业为协调涉及生产和交付产品的所有活动所需的资源。

（4）预测——预测未来事件的过程，包括产品需求。

（5）适时生产——一种通过消除浪费和持续改进实现大批量生产的

理念。

（6）精益系统——在某些情况下，与适时生产意思相同。这是一种采用总系统方法，通过消除浪费来实现高效运营的理念。

（7）位置分析——确定设施的最佳位置。

（8）大规模定制——公司通过其运营管理职能实现大批量定制产品和服务的能力。

（9）运营管理——将原材料转换为产品和服务的业务职能。运营管理曾经被称为生产和运营管理（Production and Operation Management，P&OM）或仅称为生产。随着该领域从最初的战术层面（如在制造车间制定库存和调度决策）逐渐发展到战略层面（如今有许多来自运营管理领域的 CEO），该术语开始侧重于运营的广泛概念，而不是仅仅侧重于生产。

（10）产品设计——决定产品独特性和具体特征的过程。

（11）过程选择——确定生产过程独特特征的过程，生产过程会赋予产品独有的特征。过程选择通常与产品设计密切相关，因为我们需要创建一个可以满足特定产品设计需求的过程。如果不能创建过程，再优秀的产品设计也毫无价值。

（12）生产力——衡量组织将投入转换为产出的效率的指标。通常用产出与投入之比来衡量生产力。本质上，生产力是衡量资源利用率和竞争力的计分卡。可以通过许多组织维度衡量生产力，如从衡量劳动生产力和机器生产力到衡量整个组织甚至一个国家的生产力。因此，很多人都对生产力具有浓厚的兴趣。

（13）质量管理——用于确保产品质量的过程，包括衡量质量和发现质量问题。

（14）企业再造——重新设计企业过程以提高效率、提高质量和降低成本的过程。许多企业的做事方式已经延续了很多年，运营管理是企业再造的关键。

（15）调度——决定运营时间安排和资源使用的过程，调度解决了诸如谁将在何时工作以及作业处理顺序等问题。

（16）全面质量管理（Total Quality Management，TQM）——一种通过消除产品缺陷成因，并使组织中的每个人都为产品质量负责来提高产品质量的理念。运用全面质量管理，公司的每个人都需要对质量负责。20世纪80年代，一些公司开始践行全面质量管理理念。20世纪90年代，全面质量管理开始普及，并成为有竞争力的公司都不会忽视的运营管理的一个领域。

（17）附加价值——用于描述在将投入转换为产出的过程中创造的净增长的术语。运营管理职能追求在转换过程中创造附加价值。

推动运营管理成功的关键过程

几个关键过程推动着商业运营的成功。本节将介绍最常见的几个关键过程。

生产计划过程

生产计划是商业计划不可或缺的一部分。在组织的管理层从各种组织部门（如财务、市场营销、运营和工程）中收集投入信息来制订商业计划时，这个过程就开始了。商业计划着眼于长期规划，为公司未来 2～10 年的发展提供方向和目标。公司通常每年更新和重新评估商业计划。商业计划书会阐述公司盈利目标、增长率目标和投资回报率目标，通常是公司制订生产计划（通常被称为总计划）的基础。那么什么是生产计划呢？

总计划或生产计划是一种组织计划，明确运营管理在未来 6～18 个月为支撑商业计划所需的资源。总计划会详细说明总生产率和劳动力规模，计划人员可基于此确定库存量；会详细说明经核准的加班工时或不足工时；会详细说明经授权的分包、雇用或解雇员工的情况；会详细说明延迟交货的客户订单。生产计划通常由运营管理人员每月更新和重新评估。

企业通常会根据可以代表期望的组合产品来制订生产计划。为了不让总计划显得非常冗杂，总计划中不会对单个产品进行描述。大多数公司都拥有各种各样的产品，想象一下，如果在总计划中描述每一个产品，总计划会变得非常冗杂。公司可以将不同产品组合在一起，形成主要产品系列，以便于制订生产计划。举例来说，一家油漆公司可能会生产许多不同的产品，如不同颜色的油漆、不同的饰面（如光泽度与平整度）和不同的容器尺寸（如一加仑或半加仑，1 加仑约为 3.79 升）。如果把所有这些都包括在总计划中，总计划可能就会变得非常冗杂。总计划将组合产品（如这个示例中的"加仑油漆"）作为一项产品衡量标准。

总计划的目标是为机器、劳动力和库存等所有运营资源制订计划，以在特定时间内生产目标数量的需求产品。总计划会明确规定在特定时期内（如1月份）生产多少产品，需要多少劳动力，以及持有多少库存。总计划的目标是阐明重点，利用组合产品或产品系列来减少计划中的细节描述，但仍然提供做决策所需要的信息。总计划中常用的产出单位是加仑、磅（1磅约为0.454千克）、小时和美元。简化版的生产计划示例如表1-2所示。

表 1-2　简化版的生产计划

季度	1	2	3	4
需求	8,000	11,000	14,000	15,000
（明确需求单位，如加仑或美元）				
生产	12,000	12,000	12,000	12,000
（在此示例中，我们假定生产需求量为均值）				
库存	4,000	5,000	3,000	0
（计算库存的方式：生产量 + 之前的库存量 − 需求量）				
劳动力	6个工人	6个工人	6个工人	6个工人
（假定每个工人每个季度的生产量为2,000个单位）				

简而言之，生产计划或总计划的目标是提高生产率并合理授权资源，使公司能够实现战略商业计划的目标。

主生产计划过程

生产计划的下一级计划是主生产计划（Master Production Schedule，MPS）。主生产计划以特定的配置、数量和日期表示，是公司的预期生产计划。主生产计划会说明具体生产的产品是什么，会详细说明如何运用可用资源进行运营，以及在每个时间范围内制造的单位或模型是什么。市场营销人员可以依据主生产计划与客户进行沟通。公司会每周其至每天审查主生产计划和详细的销售计划。

主生产计划是用于制造特定产品和提供特定服务的预期计划。主生产计划的关键点在于，它是一个生产或服务声明，而不是需求声明，是一个在满足客户需求的同时考虑运营效率和成本的计划。由于这个特点，公司可以提前生产单个产品并将之作为库存，而不是根据需求生产。主计划人员或办公室管理人员需要平衡客户服务和产能利用率。

总计划会显示每个时间段内计划生产多少产品或提供多少服务。主生产计划会明确特定时期内计划产出的特定产品或服务。

物料需求计划过程

主生产计划的下一级计划是物料需求计划（Material Requirements Planning, MRP），经授权的主生产计划是物料需求计划的关键输入信息。物料需求计划是使用主生产计划、物料数据清单和库存记录来计算具体物料需求的计划。主生产计划系统会"告诉"物料需求计划系统，公司计划制造什么以及何时制造。然后，物料需求计划系统根据主生产计划，计算制造产品所需的物料数量，并为必要的物料制订计划。需要注意的是，随着从商业计划书到生产计划、主生产计划，再到物料需求计划的逐步推进，计划会逐渐变得更加具体和详细。

粗能力计划过程

粗能力计划（Rough Cut Capacity Planning, RCCP）是将主生产计划转变为关键资源（如直接人工投入和机器运转时间）具体能力需求的过程。此过程会粗略估算主生产计划中关键资源的工作量，并将关键资源的工作量与每个关键资源的实际生产能力进行比较。这种比较有利于主计划人员制订可行的主生产计划。

不同计划过程之间的关系如图 1-4 所示。

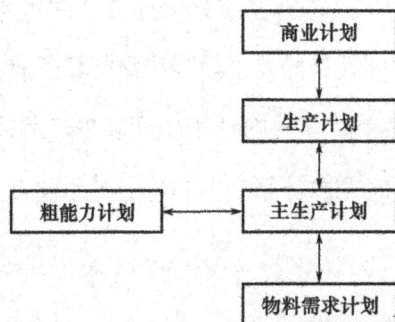

图 1-4　不同计划过程之间的关系

衡量生产力水平

回忆一下，运营管理是负责管理将大量投入转换为一系列产出的过程，如产品或服务。但是如何知道这种转换过程是否高效呢？衡量将投入转换为产出的效率指标被称为生产力。生产力可以衡量资源的利用效率。生产力是产出（产品和服务）与投入（劳动力和物料）的比率。一个公司的生产力越高，公司利用资源的能力就越强。计算公式如下。

$$生产力 = 产出 / 投入$$

上述生产力的衡量方法可以用来衡量一个或多个工人的生产力，也可以用来衡量一台机器、一个部门、一个公司甚至一个国家的生产力。总生产力用于衡量所有投入（如劳动力、机器和资本）的生产力。例如，假设一家公司每周的产出相当于 10,000 美元的产成品，每周所有投入的总和是 5,000 美元，其中包括劳动力、物料和其他成本。那么该公司每周的总生产力计算如下。

总生产力 = 产出 / 投入 =10,000 美元 /5,000 美元 =2.0

虽然总生产力有利于了解公司的整体表现，但是每次衡量一个变量的生产力通常要有用得多。这样我们才能够评估各种资源的利用效率。部分生产力或单因素生产力是计算产出相对于单个投入的比率。例如，可以计算机器生产力或劳动力生产力。对于机器生产力来说，可以计算一台机器在特定时间段内可以加工多少个零件；对于劳动生产力来说，可以计算一个工人在特定时间段内可以加工多少个零件，时间段可以是一天、一小时或一个月等。

把生产力解释清楚并不容易。生产力是一个相对的衡量标准，需要随着时间推移持续跟踪。这样公司才能与过去的自己、竞争对手和行业情况进行比较。只通过之前计算出的"2.0"这个数字，并不能说明总生产力的优劣。例如，如果一个潜水艇模型店的工人在 2 小时内生产了 20 个潜水艇模型，那么这个工人的生产力是每小时生产 10 个潜水艇模型。这个数字本身并不能告诉我们什么有用的信息。然而，如果把它与另外两个工人的生产力进行比较，一个工人每小时生产 8 个潜水艇模型，另一个工人每小时生产 5 个潜水艇模型，这就非常有意义了。尽管这是一个简单的例子，但它说明了绩效期望是相对的，我们需要持续对其进行基准测试和比较。通过不断与自身的生产力进行对比、与相似工作的生产力进行对比，公司可以更好地了解自己的生产力到底有多高。

评估生产力和制定业绩标准的另一个准则是考量企业的市场竞争战

略。这被称为竞争优先权，它明确了一个公司要如何竞争。一个基于生产速度竞争的公司可能会根据单位时间内的生产速度来衡量生产力，一个基于成本竞争的公司可能会根据劳动力、物料和运营费用等投入成本来衡量生产力，一个基于质量竞争的公司可能会根据差错数量来衡量生产力。无论选择哪种生产力衡量方式，最重要的是衡量结果能够显示公司在其最看中的竞争优先权方面的表现如何。

盘点库存

库存指存货产品、物料等。你书架上的图书或 CD 构成了你的图书库存，它们向你提供了一定的价值，你可以享受它们。它们需要用钱来购买，且这些钱无法再用来做其他的事情。库存公司持有的库存也是如此。我们在谈论库存时，只是在谈论一家公司储存的物料数量。这些物料有很多用途，但也会占用大量资金。因此，在整个供应链中管理库存是非常重要的。

所有的组织，包括制造组织和服务组织，都会持有库存。组织必须持有大量库存才能支撑其基本的运营过程。在制造组织，库存可以有多种形式，包括供应商交付的原材料和零部件，在产品（Work-in-Process, WIP）或产成品。库存还包括物资和设备。如果库存没有被利用，就会占用资金；如果在有需求时没有足够的库存，则可能意味着缺货或生产延迟。因此，库存管理是运营管理的重要组成部分。

主要的与库存相关的决策包括何时补充库存、订货量有多大，这被称为库存策略。库存策略解决了何时订购和订购多少等基本问题。要了解有关确定库存策略的更多信息，需要先了解为什么要持有库存。

持有库存的原因

组织需持有库存的原因有很多。所有的公司，甚至那些运用精益系统的公司，都会持有库存。事实上，如果组织不持有一定量的库存，就无法运行。组织需要持有库存的原因如下。

（1）防止缺货。持有库存的一个原因是，当库存耗尽时，产品无法立即运送给需求方。生产和运送产品都需要一定的时间，必须确保有足够的库存来满足订货交付周期内的需求。订货交付周期存在一定的变数，运输延误、供应商的生产问题、订单丢失、物料损坏和许多其他问题都可能会造成订货交付周期延长，因此必须提前做好准备。此外，供应源在极少情况下才会与需求方位于同一地点，而且很难在所有需求地点投放生产设备。因此，库存不得不从一个地点运送到另一个地点，有时还不得不存放在配送中心，以便在需要时向不同地点进行配送。因此公司需要持有库存，以防止缺货的情况发生。

（2）保持自主运营。在生产过程和供应链中，产品历经许多不同的运营过程，不同的运营过程具有不同的过程处理速率。其挑战在于平衡不同过程的能力，但这并不是总能实现的。因此，在不同的运营过程之间需要有缓冲。为达到这个目的，系统中的不同地点都需要持有库存。战略性地配置额外库存可以平衡过程能力的差异。额外的库存储备可以配置在供应链网络的各个节点或设施的工作中心，从而提高柔性。

流水线上各个工作站之间的相互依赖性很高。库存通常配置在工作站之间，以减少工作站之间的相互依赖性。否则，一个工作站停工可能会导致整条流水线中断或关停。而且事件具有不可预测性，相同运营过程的处理时间也存在自然变差。因此，有必要持有缓冲库存，从而实现以恒定的速度产出。

（3）平衡供需。平衡供应链一端的供应和另一端的需求往往是具有挑战性的。需求永远无法确定，持有额外的库存可以使组织应对意外的需求激增。另外，需要考虑到需求的产生是间歇性的，而不是持续性的。零售销售量可能是一个合适的例子，零售销售量在工作日的早晨比较低，但在周末会比较高。没有额外的库存可能意味着错过最佳销售时期。持有库存有助于应对需求的自然变差。

季节性需求模式也会导致需求存在高峰期和低迷期，如夏季的冰淇淋销售或冬季的雪铲销售。如果只在季节性需求产生时，开设生产设施进行生产，那代价会很高。这可能意味着淡季时，需要关闭设施，工人面临失业，而旺季时，需要加班生产。一种更为普遍的战略是，企业及其供应链在一年中以更为均匀的速度生产。在这种情况下，额外的产品可以储存在仓库中，在旺季时进行销售。

（4）预防不确定性。许多意外事件的发生会同时影响供应和需求。这是由于事件具有不可预测性。不可预测的事件可以是任何事情——可能是收到一批破损的产品，也可能是由于天气原因造成的意外延误，或是供应商工厂出现了问题。公司持有额外的库存，可以预防或缓冲这些不确定性。这是一个"以防万一"的方案。不管怎样，公司都知道其必须做好准备，以确保不会缺货。

（5）经济采购订单。你应该听说过保持低库存的说法，但是在这种情况下，客户也可能会大量购买库存产品。这种做法可能会带来好处的原因有很多。例如，供应商有时会提供价格折扣，鼓励客户一次性购买更多产品。类似地，一次性运输客户购买的大量产品可能会节省运输费用。此外，当客户预计价格会上涨、产品会短缺或生产会中断时，也可能会导致其购买更多产品。例如，在预计到产品会短缺的情况下大量采购产品是一种常见的供应链战略。

库存类型及其用途

为了更好地了解库存，需要了解不同的库存类型及其用途，因为不同类型的库存的数量计算方法是不同的。把所有类型的库存成本相加就等于组织的库存成本。以下是不同的库存类型。

（1）周期库存。计算这种类型的库存是为了可以将其立即投入使用，它也被称为批量库存。它是基于一定时间段的预期需求计算得出的，并且假定需求已知。周期库存只是计算为满足特定时间段的需求需要多少库存量。这也说明了产品通常是成批生产的。它关乎生产周期中生产批次的数量或规模，因此被称为周期库存。

（2）安全库存。这种类型的库存是为了缓解供应和需求的不确定性。安全库存可以是产成品，用来应对意外的需求；可以是原材料，用来预防供应问题；也可以是在产品，用来预防生产中断。

（3）季节性库存。这种类型的库存是为了补偿供应时间和需求时间的差异，确保产品可以在整个供应链顺畅流通。这类库存被称为季节性库存，因为其通常用于需求波动明显但仍可以预测的情况，如季节性变化。季节性库存是指公司在淡季额外增加库存，以应对旺季更高的需求量。

季节性库存也指在公司预计价格会上涨或产品会短缺的情况下持有的库存。因此，季节性库存有时也被称为缓冲库存。

（4）在途或供应线库存。这种类型的库存是指在运输途中的库存，其存在只是因为需求点和供应点不是同一个地方。在任何时候，全球供应网络有很大一部分库存都在驳船、卡车或铁路等的运输途中，这些库存正从一个地点运送到另一个地点，或等待装卸。

（5）维护、维修和运营（Maintenance, Repair and Operating, MRO）库存。除了直接支持产品生产的库存外，还存在其他被间接使用的库存。维护、维修和运营涉及的物料种类很多，包括办公用品、清洁用品和修理机器所需的工具和零件等。MRO 物料占据了很大一部分库存，公司需要像管理其他库存一样管理 MRO 库存。想想看办公室里有多少纸、铅笔和其他用品。没有这些东西，你的工作可能会受到严重的阻碍。

库存策略选择

如前文所述，组织制定库存策略必须回答两个基本问题：何时订购、订购多少。库存策略中有两个基本的类别或选择可以回答这两个问题：固定订货量系统和固定间隔期系统。二者的工作方式略有不同。

固定订货量系统

第一个选择是通过固定订货量系统制定库存策略。两个变量定义了这个系统，并回答了何时订购和订购多少这两个基本问题。第一个变量是订货量，第二个变量是再订货点（Reorder Point，ROP）。顾名思义，使用该系统时订货的数量是固定的，用 Q 表示。当库存水平下降到某一预制水平时，系统就会下订单。这个预制水平被称为再订货点，用 ROP 表示。这些变量共同决定什么时候下订单：当库存达到再订货点时。

该模型的图形展示如图 1-5 所示。请注意，系统假设需求率 d 恒定不变，库存水平（Inventory Position，IP）随着时间推移而不断降低。当库存水平达到再订货点时，系统会以数量 Q 下订单。当产品运达时，库存得到补充，库存水平因增加了数量 Q 而突然升高。但是，库存产品无法在下订单的那一刻立即运达，因为产品都有一定的订货交付周期 L。在这期间，只能等待订单运达。

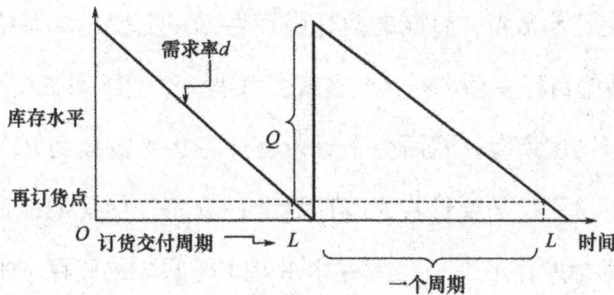

图 1-5　固定订货量系统

在这个示例中，库存是被持续监控的，并且假定当前的库存水平已知。当库存水平达到再订货点时，系统会以数量 Q 下订单。例如，假设一个杂货店使用固定订货量系统来管理罐装番茄汤的库存，杂货店的库存策略可能是：订购 200 罐汤，因为订购 200 罐时折扣很不错。当库存下降到 25 罐时，系统再次下订单订购罐装番茄汤。因此，ROP = 25，Q = 200。

在这个系统的典型模式中，Q 是经济订货量（Economic Order Quantity, EOQ），是最经济的最优订货量，稍后会计算这个值。因此，该系统有时被称为经济订货量模型。有时它还可以被称为 Q 模型，因为数量 Q 是恒量。有时被称为连续检查系统，因为它会持续检查库存水平。这个模型甚至还被称为锯齿模型，因为库存图看起来像锯齿。所有这些术语都表示同一类型的库存系统，不同的术语描述了该系统不同的特征。

固定间隔期系统

第二个选择是通过固定间隔期系统制定库存策略，如图 1-6 所示。该系统在固定间隔期（标记为 T）检查库存水平。系统会根据检查的库存水平决定订购数量，订购的数量随库存水平而变化。系统会设定一个想要维持的目标库存水平 R。系统会每隔一个间隔期 T（如每周或每两周）检查一次库存，然后会下订单将库存水平恢复到 R。根据间隔期 T 的库存水平，需要订购的库存数量 Q 在每个间隔期都是不同的。数量 Q 是目标库存水平 R 与库存水平 IP（时间 T 的库存水平）之间的差值。

$$Q = R - IP$$

其中：

$$Q = 订货量$$

$$R = 目标库存水平$$

$$IP = 库存水平$$

两个变量定义了这个系统，并回答了两个基本问题：何时订购和订购多少。系统指定了在什么时候订购：间隔期 T；也指定了订购数量：数量 Q。数量 Q 是目标库存水平 R 和库存水平 IP 之间的差值。这个系统有时被称为定期检查系统，表示系统定期检查库存水平，而不是持续检查。

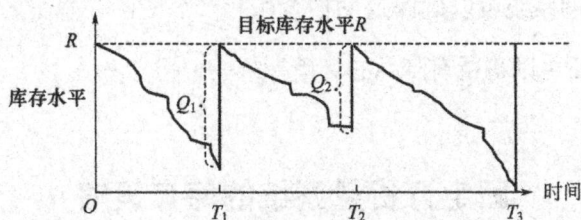

图 1-6 固定间隔期系统

假设汽车制造商使用固定间隔期系统来管理交流发电机的库存。再假设其库存策略是每两周检查一次库存水平，目标库存水平 R 为 5,000 台交流发电机。两周后，如果系统检查到其库存水平 IP 为 2,800 台，那么订购数量 $Q = R - IP$，即 5,000 − 2,800 = 2,200 台交流发电机。这基本上就是该系统的运作方式。

固定订货量系统和固定间隔期系统最大的区别在于下订单的时间和数量方面。固定订货量系统会持续不断地检查库存，每年会在不固定的时间点多次下订单。该系统的优点是其系统响应能力较强。虽然如此，但该系统也需要持续进行管理。此外，由于不同的库存产品会在不同的间隔期达到再订货点，公司可能很难通过捆绑订单以数量优势来获得折扣。

固定订货量系统需要公司持有更多的安全库存。其原因在于，该系统不会定期检查库存水平，需求的突然激增可能会导致库存不足。但是，固定间隔期系统可以使公司实现更有序地采购，因为系统会在设定好的固定间隔时间检查库存水平。该系统的优势是，由于可以捆绑订单，公司更容易以数量优势获得折扣。在固定订货量系统中，不同的产品会在不同的时间达到再订货点，导致许多订单会在任意的间隔时间内生成。而固定间隔期系统可以确保定期检查所有产品的库存水平，如每两周检测一次，然后可以将所有产品的订单捆绑在一起。

固定订货量系统的库存策略

固定订货量系统是库存管理中非常重要的系统。因此，需要知道如何计算该系统用到的两个变量：订货量 Q 和再订货点 ROP。在此之前，需要先知道该系统做出的假设。该系统最重要的假设是，所有变量均以恒定的速率出现，并且变量值是已知且确定的。例如，系统假设需求 D 以恒定速率出现，并且需求不会变化；假设订货交付周期 L 是恒定的，持有成本 H 是已知且固定的，缺货成本 S 和单价 C 也是已知且固定的。尽管这些假设不切合实际，但该模型非常可靠，实用效果非常好。

订购多少

固定订货量模型中的第一个决策是确定订货量 Q。回想一下，库存成本类型有很多，其中最重要的是库存持有成本和订购成本。我们希望可以选定"最佳"订货量，即前文所述的经济订货量（EOQ），以最大限度地降低成本。经济订货量是通过总结年度总库存成本并找到使成本最小化的订货量来计算得出的。假设年度总成本包括年度采购成本、年度订货成本和年度持有成本，其计算公式如下。

年度总成本 = 年度采购成本 + 年度订货成本 + 年度持有成本

$$TC = DC + (D/Q)\,S + (Q/2)\,H$$

其中：

$$TC = 年度总成本$$

$$D = 年度需求$$

$$C = 单位成本$$

$$Q = 订货量$$

$$S = 每次订货成本$$

$$H = 单位库存年度持有成本$$

公式中的第一项 DC 是指货物的年度采购成本，由年度需求（D）与货物的单位成本（C）相乘计算得出。第二项（D/Q）S 是年度订货成本，由每年下订单的数量（D/Q）与每次下订单的订货成本（S）相乘计算得出。第三项是年度持有成本，其中（$Q/2$）是平均持有库存。请记住，收到订货时的最大库存是 Q；库存耗尽时，库存为零。因此，平均库存为 $Q/2$。H 是单位库存的年度持有成本。

总成本、订货成本、持有成本的变化如图 1-7 所示。可以看出，持有成本随着订货量的增加而增加，因为订货量越高意味着持有的库存越多。然而，这也意味着订货的频率降低，因此订货成本也随之降低。当订货量 Q 减少时，情况正好相反。订货量越少，持有成本越低，但订货成本越高，因为订货的频率增加了。

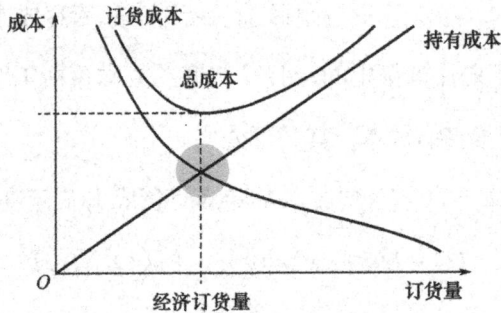

图 1-7　订货量与持有成本

我们的目标是选定一个订货量，使持有成本和订货成本之和最小，也就是达到总成本曲线上的最低点。使用微积分来计算，得出"最佳"或最优订货量，经济订货量 EOQ 的计算公式如下。

$$\text{EOQ} = \sqrt{2DS/H}$$

何时订购

经济订货量回答了订购多少的问题，但仍然需要确定什么时候订购。假设需求率（d）和订货交付周期（L）是恒定、确定并且已知的。在这种情况下，再订货点 ROP 只是确保在订货交付周期内，有足够的库存能够满足需求。在这个简单的例子中，再订货点的计算方式如下。

$$\text{ROP} = \text{订货交付周期内的需求}$$

$$\text{ROP} = dL$$

假设一个产品的订货交付周期为一周，需求率 d 为每周 250 个，则再订货点计算如下。

$$\text{ROP} = dL = 250 \times 1 = 250（个）$$

这表示每当库存量达到 250 个时，系统就会以经济订货量 Q 下订单。

可惜的是，d 和 L 基本是不固定的，而且需求量往往高于预期。因此，通常不得不多持有一些库存来应对这种不确定性。这种库存被称为安全库存或缓冲库存，是指除了满足订货交付周期内的需求外，另外持有的库存。将安全库存添加到再订货点的计算中，其计算方式如下。

$$ROP = 订货交付周期内的需求 + 安全库存$$

$$ROP = dL + SS$$

其中，SS 为安全库存。

安全库存是基于公司想要维持的服务水平来计算的，这意味着公司不会出现缺货的情况。安全库存也是基于公司想要为特定产品和客户群体提供什么样的服务水平来确定的，更高的服务水平意味着需要更高的库存水平。影响安全库存的另一个因素是需求的易变性。易变性越高，服务水平越高，安全库存或最终计算再订货点时的增加值就越高。

独立需求与非独立需求的关系

还有一种方法可以了解库存，那就是将其分为两大类：非独立需求和独立需求。了解二者的差异是非常重要的，因为整个库存策略都基于此来制定。独立需求是对产成品的需求，如计算机、自行车或比萨。而非独立需求是对零部件或组件的需求，如计算机里的芯片、自行车上的轮子、比萨上的奶酪。

之前讨论的两个库存系统用于确定独立需求的数量。那么如何计算非独立需求的数量呢？非独立需求的数量来自独立需求，我们将独立需求称为"父需求"。例如，我们可以通过预测销售的汽车数量，推断出车轮、制动系统和其他部件的数量。例如，如果一家公司计划一天生产200辆汽车，它将需要800个车轮、400个挡风玻璃刮水器和200个制动系统。车轮、挡风玻璃刮水器、制动系统和其他部件的数量都取决于衍生出这些需求的独立需求的数量。

物料清单（Bill of Materials，BOM）描述独立需求和非独立需求的关系。物料清单是一种显示数量间关系的可视化图表，如图1-8所示。A为独立需求，其他项均为非独立需求。括号中数字代表每个项目对应的数量。需要注意的是，2个C和1个B组合形成最终产品。同样地，2个D和1个E组合形成1个B。

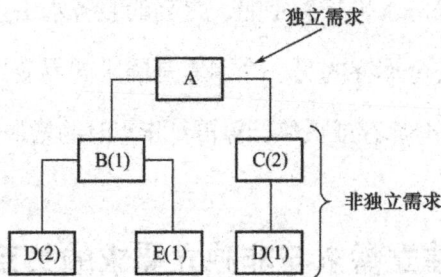

图1-8　物料清单

非独立需求的订货量是通过物料需求计划系统来计算的。物料需求计划系统不仅会考虑每个零部件需求的数量，还会考虑生产和接收物料所需的订货交付周期。例如，20个A意味着需要20个B和40个C；同样地，也需要40个D和20个E。但是系统还必须考虑到订货交付周期的差异性，因为接收D的订货交付周期可能与接收E的订货交付周期不同。也就是说，系统应该在不同的时间下订单。物料需求计划系统可能受制于产品成本，可以将供应链的内部成员和外部成员连接起来。

ABC 库存分类法

管理库存的一个重要方面是，掌握基于库存的重要性对其进行分类的方法。供应链中的所有产品并非同等重要。有些非常重要，如专业的手术设备。而其他的则相对没有那么重要，如医院里的乳胶手套。管理库存的第一步是根据库存的重要程度对其进行分类，这样才能更好地管理库存。这个方法就是 ABC 库存分类法。根据重要程度对库存进行分类，使得我们能够优先考虑并小心管理重要的库存产品，同时防止浪费宝贵的资源去管理那些不那么重要的产品。

ABC 库存分类法以帕累托定律（Pareto's Law）为基础。定律表明，小部分产品的价值占据了总价值的很大一部分。这个价值可以是销售额、利润或其他衡量重要性的标准。大约 10% 的库存产品的价值会占据所有库存价值的 70%。这些贵重产品被列为 A 类库存产品。中等价值的产品约占总库存的 30%，其价值约占总库存价值的 20%，这些产品被列为 B 类。最后，大约 60% 的产品只贡献了大约 10% 的总库存价值。这些最不重要的产品被列为 C 类。ABC 库存分类法的示例见图 1-9。

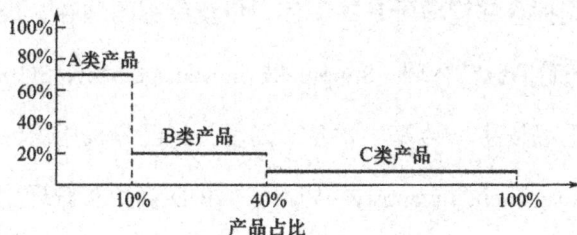

图 1-9 ABC 库存分类法的示例

使用 ABC 库存分类法对库存进行分类的步骤如下。

（1）确定所有产品的总使用量或销售量。

（2）确定每种产品的使用量或销售量占总使用量或总销售量的百分比。

（3）按照百分比由高到低对产品进行排序。

（4）进行产品分类。

将产品由最高百分比向最低百分比排序后，不要根据预设的百分比强制分类，因为这些百分比是粗略估算出来的。通常情况下，数据会出现自然断层点。数据会自然而然地形成分类，我们应该运用这些自然断层点完成产品分类。

ABC 库存分类法对于确定库存策略来说极为重要。最复杂的库存系统应该用于 A 类产品的管理。事实上，许多管理者会亲自监督 A 类产品的管理。相比之下，通常会使用自动化订货系统对 C 类产品进行管理，没有必要消耗太多的管理成本。

供应商管理库存

知道库存的拥有者是谁也是库存管理一个独特且重要的方面。从经验来看，公司拥有并管理所有的库存，负责库存的储存、控制、补充和全面管理。随着供应链管理（Supply Chain Management，SCM）的发展，大部分情况已经发生了转变。如今，许多公司已经采用供应商管理库存（Vendor Management Inventory，VMI）。供应商负责管理位于客户工厂的库存。供应商会储存库存，下补货订单，并安排陈列方式。通常情况下，在客户购买库存产品之前，库存的拥有者是供应商。

供应商管理库存为客户和供应商提供了许多重要的益处。供应商对产品拥有更大的控制权。供应商与客户的合作更为紧密，因此供应商知道如何更好地服务市场。反过来，客户对库存产品的责任和财务负担更小。供应商管理库存要求供应商和客户密切合作。许多合作关系从供应链管理中发展起来，供应商管理库存代表了其中一种合作关系。

现代运营经理面临的挑战

虽然运营经理可以使用各种工具和系统，但在管理组织资源方面，运营经理仍面临着大量的挑战。全球市场规模庞大，组成成分不断变化。这是全球市场的特征，运营经理必须面对这一现实，在不断变化的全球格局中保持最优表现。成功的运营经理会及时了解全球市场趋势，并运用具有能动性的系统顺应趋势。如今运营经理面临的诸多挑战包括全球化、技术进步和重新定义的市场优先权带来的挑战。

全球化从根本上改变了运营经理进行日常活动的方式。地形、距离和时区无法再将人们与信息隔绝。正因为如此，现代企业可以在任何国家开展业务，以最大限度地降低成本和最大限度地提高发展效率。在某些情况下，一些企业也必须这么做。以总部位于日本东京的丰田（Toyota）汽车公司为例，丰田汽车公司对其在美国的业务进行了大量投资。尽管福特（Ford）和通用（GM）等公司的汽车是美国制造，他们也引以为豪，但实际上，丰田的 Avalon 车型广受欢迎，被认为是最"美国制造"的汽车之一。Avalon 在肯塔基州进行组装，近 85% 的零部件为北美制造。

信息的即时可用性直接归因于现代技术的进步。如全球定位系统（Global Positioning System，GPS）和无线射频识别（Radio Frequency

Identification，RFID）等技术已经彻底改变了库存管理。无论库存有多分散，企业都可以实时核算库存。更重要的是，技术进步使得计划系统变得更加精确，从而降低了运营经理失误的概率。科技正以惊人的速度发展，值得我们坚持下去。但如果没能坚持下去，其结果可能是灾难性的。

全球市场已经并将继续被新的优先权重新定义。世界人口持续增长，但资源有限，企业不得不将可持续发展作为一项优先权。在企业可持续发展领域，搜索引擎巨头谷歌（Google）颇具盛名。谷歌以利用可再生能源而闻名。谷歌不使用割草机，而是引进山羊来修剪绿地上的草。客户关心的优先权也在改变，特别是在健康方面。由于社会和政治压力，麦当劳等快餐公司在儿童餐里加入了水果。汉堡王发布的。被称为"低脂薯条"的新版薯条的热量比汉堡王传统薯条的热量少 30%。这些变化正在影响企业的运营管理方式，也会继续对运营提出挑战。那些拥有最具洞察力的运营经理的企业可以应对当前的逆境挑战，并在此过程中改变市场。

讨论题

（1）运营管理的哪些特点使其成为核心业务职能？

（2）说明运营管理的"转换作用"。

（3）阐述两种组织类型的区别。

（4）举例说明运营管理如何与其他业务职能协同工作。运营管理不善会对整个供应链产生怎样的影响？

（5）定义战略决策和战术决策。组织应该首先制定哪种类型的决策？为什么需要先制定这种类型的决策？

（6）生产力和效率的区别是什么？

（7）生产计划或总计划的目标是什么？

（8）详细说明关键计划过程之间的关系。

（9）如何衡量生产力？所有组织、行业都应该以相同的方式衡量生产力吗？为什么要或者为什么不要？

（10）如何预防库存不足？如何平衡供需？如何预防不确定性？不持有库存会造成什么后果？

（11）说明每个库存管理系统如何确定其订货时间和订货量。

（12）帕累托定律对 ABC 库存分类法有什么帮助？

（13）VMI 使供应商对其产品有了更大控制权，那 VMI 对客户提供了什么帮助？

02

运营管理的关键要素和过程

计划决策的层次

组织会制订多个层次的运营计划。首先是制订战略计划，通过战略计划逐步推动较低层次的决策。顶层计划是战略商业计划，着眼于长期发展，确定企业未来 2 ～ 10 年的发展方向和目标。战略商业计划通常每年更新和重新评估。战略商业计划会阐述企业盈利能力、增长率和投资回报率的目标。这些目标可用于指导较低级层次的决策。

这些计划之间的关系如图 2-1 所示。

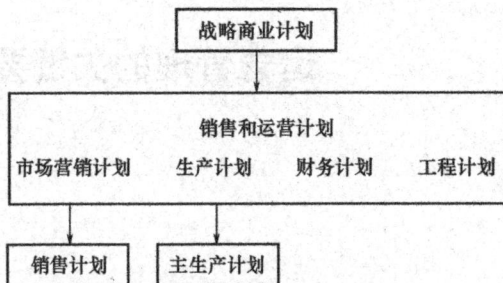

图 2-1　商业计划层次

战略商业计划驱动层次结构中下一个层次的计划，即销售和运营计划（Sales and Operations Planning, S&OP）。销售和运营计划是一个综合性的商业管理计划，旨在通过职能协作来匹配供需，同时支撑战略商业计划。通过销售和运营过程，执行领导团队可以在整个组织中实现战略发展、确保职能一致和实现同步运营。销售和运营计划旨在整合中等层次的职能计划，如市场营销、生产、财务和工程团队制订的职能计划。

销售和运营计划的过程开始于由市场营销团队制订的市场营销计划。

市场营销计划旨在实现战略商业计划的目标。它明确了实现战略商业计划中所述的盈利水平、增长率和投资回报率所需的销售额。如果市场营销计划不契合战略商业目标，最高管理层和市场营销管理层需要修改目标或者修改市场营销计划，直到市场营销计划完全契合战略商业目标。在这个过程中，市场营销计划通过生产计划与运营连接起来。

生产计划，也称为总计划，用于确定运营团队在未来 6 ～ 18 个月为支持市场营销计划和战略商业计划所需的资源。如果没有生产计划，就无法确保运营能够支持市场营销计划。生产计划会详细说明企业的生产率、劳动力规模、工人加班和缺勤时间、要雇用和解雇的员工人数、待持有的库存量、分包计划，甚至客户订单的延期交货计划。所有这些都需要良好的运营管理，以确保能够实现对客户的承诺。生产计划通常由运营团队每月更新和重新评估。主生产计划会进一步详细说明生产计划。主生产计划是对生产的预期计划，通常用产成品进行描述。主生产计划和详细的销售计划每周甚至每天都会被审查。

财务计划会说明资金的来源和用途、预期现金流量、预期利润和规划预算。工程计划用于支撑在市场营销计划中引进，然后在生产计划中计划生产的新产品的研发工作。所有这些计划都必须得到组织的认可，以支持战略商业计划。

战略运营决策与战术运营决策

正如第 1 章"运营管理"中讨论的，一个组织会制定两个层次的决策。第一个是战略决策。战略决策为整个公司指明方向，范围广泛，着眼于长期目标。战略决策为其他更为具体的决策奠定了基调。在制定战略决策时要考虑几个问题：我们的市场在哪里？我们产品的独特优势是什么？我们如何在市场上竞争？考虑清楚这些问题对制定决策非常重要，因为它们明确了一家公司如何在市场上竞争，应在哪些市场上运用其独特优势。

第二个是战术决策，范围有限，着眼于短期目标。这两种决策相互交织，公司会首先制定战略决策，战略决策决定了战术决策的方向。公司会更频繁、更常规地制定战术决策。因此，组织在制定决策时必须首先制定战略决策，由战略决策驱动战术决策的制定。二者的关系如图 1-3 所示。

从对生产计划的讨论中可以看出，几乎所有事情都是由战略商业计划驱动的。然而，生产计划虽然具有战略意义，但其正在向战术方向发展。主生产计划是更具战术性的计划，可以将生产计划和战略商业计划付诸实施。

生产计划

生产计划的目标是提高生产率，分配可以让企业实现战略计划目标的资源。

企业通常会根据可以代表期望产品组合的组合产品来制订生产计划。生产计划会将组合产品作为一项产品衡量标准，例如之前的"加仑油漆"。然后，生产计划被分解为主生产计划。再然后，主生产计划被进一步分解为物料需求计划。物料需求计划延续主生产计划，详细说明每个产成品的零部件及其生产时间安排。为了达到详细说明的目的，物料需求计划会使用物料清单（Bill of Materials, BOM）数据和库存记录来计算物料的具体需求。物料需求计划系统获取信息后，计算生产产品所需的物料，并为需求物料制订计划。需要注意的是，随着从商业计划书到生产计划、主生产计划，再到物料需求计划的逐步推进，计划逐渐变得更加具体和详细，换句话说，计划更具战术性。

最后，你需要确保有足够的资源（包括机器、劳动力和设备等）来生产主生产计划和物料需求计划所期望的产品。这就是粗能力计划。粗能力计划是将主生产计划转变为关键资源（如直接人工投入和机器运转时间）具体能力需求的过程。此过程会粗略估算主生产计划中关键资源的工作量，并将关键资源的工作量与每个关键资源的实际能力进行比较。这种比较有利于主计划人员制订可行的主生产计划。这些计划之间的关系如图 1-4 所示。

生产计划的不同类型

生产计划包含三大类：平准生产计划、追赶需求生产计划和混合生产计划。平准生产计划可用于维持稳定的劳动力数量，并确保在计划的每个时间段生产相同数量的产品。产品需求量可能会不断变化，但平准生产计划保持劳动力数量和生产量不变，库存水平相应地改变。平准生产计划的示例如表 1-2 所示。可以看到，虽然需求是不断变化的，但可以通过生产均量的产品来满足年度需求，同时维持劳动力数量不变。在这种情况下，产生变化的是库存水平。

劳动力数量稳定是平准生产计划的一个优势。企业可以将劳动力和设备产能与平均需求量相匹配，而不是仅仅为了满足高峰期需求就雇佣过多的劳动力或购买额外的工具和设备。实际上，调整劳动力数量可能会对生产力和工人士气造成不利影响。例如，如果让工人加班工作，工人可能会因为疲劳而导致生产率降低。平准生产计划的劣势与库存持有成本有关，库存不断积累，库存持有成本会不断增加。此外，当公司缺货时，大量订单延期交货可能会导致公司的客户服务质量变差。平准生产计划适用于存货式生产，生产出来的产品（如设备和硬件）可以作为库存。

在追赶需求生产计划中，企业按照每个时期的需求进行精准生产。生产率随着需求的波动而变化。平准生产计划基于平均需求量设定能力范畴，而追赶需求生产计划基于每个时期的需求设定劳动力和设备产能，如表2-1所示。需要注意的是，在追赶需求生产计划中，企业根据生产需求调整劳动力数量，而不会持有任何库存。该计划被称为"追赶"计划，因为其需要"追赶"需求。在追赶需求生产计划中，每个时期会有不同的需求。

表2-1　追赶需求生产计划

季度	1	2	3	4
需求	6,000	10,000	12,000	14,000
（需求以单位表示）				
生产	6,000	10,000	12,000	14,000
（生产量与需求量完全一致）				
库存	0	0	0	0
（不持有任何库存）				
劳动力	3个工人	5个工人	6个工人	7个工人
（假设每个工人每个季度的生产量为2,000）				

追赶需求生产计划的优势在于公司没有库存持有成本，因为公司不持有任何库存。当一家公司按照订单生产产品时，这可能是一个更好的选择，如生产定制橱柜、专用设备、独一无二的产品或极易腐烂的产品。追赶需求生产计划的劣势是，为了满足高峰期需求，公司需要不断调整劳动力和设备需求，这样做的代价会比较大。在追赶需求生产计划表中，可以看到劳动力的数量在各个时期有波动，这可能会导致过量雇佣、解雇成本增加或加班成本增加。

混合生产计划通常会将不同的选项综合起来。通过混合生产计划，公司可能会保持劳动力数量不变，通过增加库存和加班生产来满足需求，或者可能会将部分生产分包出去。任何选项都可能组合在一起。一个公司应该把重点放在如何组合选项上，这样才能达到其战略目标。例如，提高公司客户服务水平可能需要持有额外的库存，这样公司就不会缺货。

设备需求计划

设备需求计划是确定公司有形固定资产如何支持公司实现其目标的计划。回想一下，运营管理是将投入转换为公司产出的业务职能。这就需要最大化设备的使用价值。设备需求计划的功能是确保公司能够满足其设备需求，包括设备位置、设备布局或车间布局等。

设备位置涉及如何安置设备的决策，会受到客户、供应商、交通运输、仓库和其他因素的影响。此外，设备位置还包括设备在特定区域的位置和方向。设备位置是决定企业能否以高效且划算的方式在供应链中满足生产需求的关键因素。

车间布局涉及如何安置车间内经济活动中心的决策。这意味着要把所有具有生产力的东西和人员都计划好，从工人到机器再到整个部门。这还意味着需要决定一个车间应该包含哪些元素、不应该包含哪些元素（如媒体、会议室或自助餐厅）。车间布局还涉及与生产必需品设备处理系统有关的决策。

设备需求计划非常重要，因为其为运营管理创造了环境。设备需求计划要求企业重新评估和认识现有的系统、人员和设备。它可能涉及对新机器和过程的决策，也可能会要求企业淘汰老旧的模型和方法。设备需求计划让企业可以通过减少或消除所有不必要或不经济的活动来提高车间生产力和降低成本。企业应该通过物料处理、人员和设备使用、减少库存和提高质量等方面的计划实现目标。因此，设备需求计划是运营管理中极其重要的部分。

资源计划

一家企业要经营，既需要投入资源，也需要找到组织资源的方法。资源计划应用软件可以使管理者知道何时、何地以及如何利用资源来提高公司的业绩。

主生产计划

基于到目前为止讨论的内容可以知道，制订生产计划的目的是提高生产率和分配资源，以支持市场营销计划的需求，并实现公司战略商业计划的目标。生产计划的下一级计划是主生产计划。主生产计划会详细说明运营管理过程中如何使用可用资源，以及在每个时间范围内将生产哪些具体的产成品单元或模型。生产计划说明的是每个时间段内计划生产组合产品或产品系列的数量，而主生产计划则是明确给定时间段内计划生产的具体产品单元。然后使用粗能力计划来计算公司是否有能力满足主生产计划提出的需求。如果主生产计划具有可行性，那么它将被认可，成为经授权的主生产计划；如果公司不具备所需能力，则需要修改主生产计划或提高能力。

物料需求计划

如前文所述，经授权的主生产计划会作为物料需求计划系统的输入信息。在计划层级中，物料需求计划是主生产计划的下级计划，它是一种利用主生产计划、物料清单数据和库存记录来计算物料需求的计划。主生产计划会告诉物料需求计划系统，公司计划生产什么产品以及什么时候生产。从本质上说，主生产计划是告诉物料需求计划系统在什么时间生产多少个产品，比如下周二生产50个A产品和30个B产品。然后，物料需求计划系统根据主生产计划，计算制造产品所需的物料数量，并为必需的物料制订计划。在这个例子中，物料需求计划需要确保所需的所有物料都是可获得的，能够按照计划在周二生产足量的A产品和B产品。

物料需求计划系统的目标是确定物料需求的数量和时间，保持生产优先权。想象一种产品，如汽车、自行车、烤面包机，以及可能用于生产的物料，你就能理解物料需求计划的任务了。物料需求计划系统需要依靠物料清单来确定物料需求的数量和时间。物料清单提供所有零件的信息。物料清单可以通过表格或可视化图表的形式展现，示例见图 1-8。

物料需求计划根据物料清单来确定制造产品所需的物料。需要注意的是，物料清单文件会列出制造最终产品的所有组件、零部件和原材料，并明确每种物料所需的数量。物料需求计划使用零部件和材料清单来检查库存记录，以确定是否有足够数量的物料，或确定是否需要采购部门采购物料。

图 2-2 是物料需求计划过程概览。经授权的主生产计划是物料需求计划系统的主要输入信息。主生产计划会详细说明公司计划生产的产品及其数量，以及向客户承诺的交货时间。产品到期日对物料需求计划系统至关重要，因为其会影响倒排生产时间表各个节点的完成日期的设定。物料需求计划系统的其中一部分是分段计划，按照时间段显示未来的需求、供应和库存。分段计划可以告诉生产计划员，零件和物料必须在生产过程中的哪个时间段准备好。并非所有的零件和物料都必须在生产开始前准备好，但重要零件和物料必须在需要其的生产阶段开始前准备好。

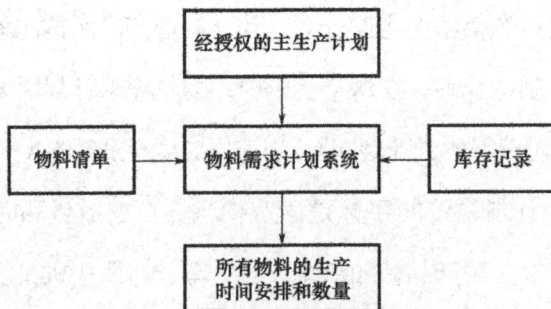

图 2-2　物料需求计划过程概览

粗能力计划

物料需求计划使批量生产产品的公司能够在合适的时间获得合适数量的合适物料。虽然获取物料非常重要，但公司也需要具备按时处理物料的能力。公司使用粗能力计划来检验公司安排的工作量是否合适，以及这样的安排是否具有可行性。粗能力计划通过初拟的主生产计划对关键资源的工作量进行粗略估算，并将此工作量与每个关键资源的生产能力进行比较。这种比较有利于管理者制订切实可行的主生产计划。

粗能力计划可以揭露潜在的问题，使运营部门有机会预防问题的发生。例如，如果发现主生产计划要求从现在开始的两个星期内，每天需要生产300个产品，而当前的生产能力是每天生产200个产品，则需要企业调整、补足生产能力。另一种选择是修改主生产计划，减少需求或将需求转移到其他时间段。粗能力计划的终极目标是提前暴露问题，使计划人员能够做好相应预防，以从根本上支持总计划。

了解物料、机器和劳动力的产能是粗能力计划的首要目标。了解这些内容有利于回答下列问题：是否具有足够的能力？是否能在需要时提供足够数量的关键物料？理想的计划具有可行性吗？如果这些问题的答案是否定的，运营经理就必须相应地重新调整计划。这就是粗能力计划的用途。

作业计划

公司总体战略为许多运营领域的决策提供框架，也同样为作业计划决策提供框架。公司基于产品数量和产品种类进行差异化竞争。这种差异会影响公司的组织运营，进而影响公司对运营管理过程中需要完成的作业的计划。

可以将作业分为两大类：高产量作业和低产量作业。不同类型的作业有不同的作业特性和不同的计划标准。一些公司提供高产量、标准化、质量稳定、低利润率的产品，如商业面包店、快餐店或小家电装配公司。这种类型的作业需要专用设备、低技术员工以及连续或重复的生产过程。这种类型的作业需要通过设计布局来实现高产量生产。

提供低产量、定制化、高利润率产品的公司包括定制家具制造商或高档餐厅。这些公司专注于过程，其需要通用设备、技术娴熟的员工和具有柔性的生产过程。每种作业都需要不同的作业计划。

高产量作业

高产量作业，也称为流水作业，可以是对有独立部件的产品（如汽车、电器或袋装薯片）的重复作业，也可以是对通过连续的流水线生产的产品（如汽油）或服务（如废物处理）的连续作业。高产量的标准化产品可以是有独立部件的产品，也可以是连续作业项目。高产量的标准化产品的利润率往往较低，因此成本效益非常重要。公司通过雇佣高水平的劳动力和提高设备利用率来实现高产量运营。在这种情况下，作业计划是非常重要的。确保产品或客户能在系统中连续流转，这是作业计划中重要的因素。

低产量作业

低产量作业，通常被称为车间作业，用于生产高质量的定制化产品，如定制化立体声系统或定制化汽车喷漆，或个人理财等服务。低产量的定制化产品的利润率较高。低产量作业的公司倾向于雇佣技术娴熟的员工，使用通用设备和过程布局。过程布局是指根据其功能筹备资源的布局。低产量作业的目标是使产品差异化、使产品产量具有柔性。低产量作业的设备不适用于所有作业，而是专门用于特定作业。每个产品和服务都具有自己的作业路线，工作站、过程、物料或安装顺序都是独一无二的。因此，低产量作业的计划非常复杂。低产量作业与侧重连续流转的高产量作业不同，必须将作业量在工作中心或服务人员之间分配好。

甘特图是用于查看计划和安排作业量的有效工具。甘特图以亨利·甘特（Henry Gantt）的名字命名，他在20世纪初发明了这种图表。甘特图是对生产进度的可视化表示。甘特图是一个计划控制图，旨在以图形的方式展示作业量或监控作业进度。甘特图示例如图2-3所示。甘特图使得我们可以对必须完成的、计划完成的、实际完成的各种任务有一个直观的概览。虽然这个工具很简单，但是它对于制订作业计划来说非常有效。

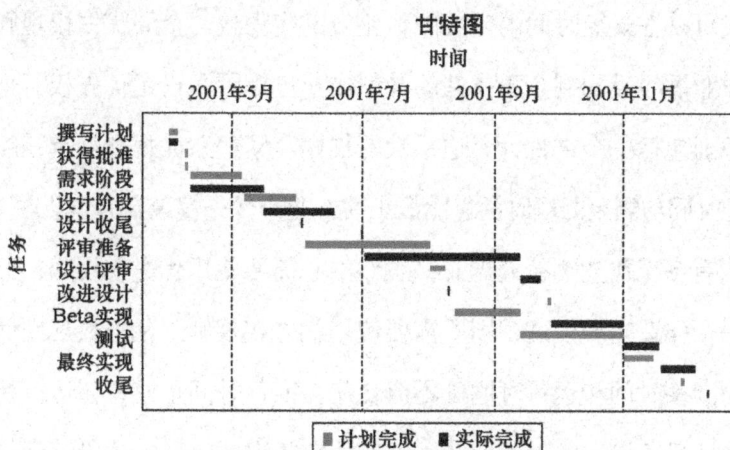

图2-3　甘特图示例

作业排序

作业计划的关键问题之一是如何对需要完成的作业进行排序。当几项作业都需要完成时，员工必须决定先做哪一项。例如，员工可以选择先做需要最先完成的作业，也可以选择先做最喜欢做的作业。另一种选择是先做收益最大的作业，而这项作业可能不是需要最先完成的作业。决定首先进行哪些作业以及按照什么顺序进行作业的过程被称为作业排序。

作业排序是基于能力约束和优先权对每个工作中心要完成的实际工作进行短期规划的技术。基本上工作中心总会有几个等待处理的作业，因此需要决定处理这些作业的顺序。作业排序过程中会设定预计的开始日期、结束日期以及预计的排序队列。作业的优先权是指作业在排序队列中排在前列的权利。

作业的优先权一般通过优先权规则设定。优先权规则可以分为两类：本地优先权规则和全局优先权规则。本地优先权规则仅基于作业所在的单个工作中心等待处理的作业设定优先权。例如，可以赋予最先到达的作业或可以在最短时间内完成的作业最高优先权。全局优先权规则基于处理作业需经过的剩余工作站的计划作业量等因素设定优先权。全局优先权规则包括一个被称为紧迫系数的规则。紧迫系数规则规定，距离到期日的时间与剩余处理时间之比最小的作业为优先权最高的作业。

当有多个作业等待处理时，工作中心需要使用优先权规则；但如果只有一个作业需要处理，则不需要使用优先权规则。优先权规则假定，作业的准备时间和运行时间都不会变化。准备时间是设备在运行特定作业（包括重新校准和设备清洁）之前所需的准备时间。这段时间一般不会太短，有时必须将这段时间包含在计划中。

常用的优先权规则如下。

（1）先到先服务（First Come，First Served，FCFS）。按照到达机器或工作中心的顺序处理作业。这是一条简单的规则，但由于没有考虑到期日、客户期望、作业优先权，可能无法达到最佳处理效果。

（2）后到先服务（Last Come，First Served，LCFS）。首先处理最后一个进入工作中心的作业。这项规则有时可能是简单有效的，如卡车或飞机卸货。对于这些情况，这是唯一能行得通的优先权规则。

（3）最早到期日（Earliest Due Date，EDD）。到期日最早的作业具有最高优先权。但是，该规则没有考虑到某些作业的重要性可能高于其他作业。

（4）最短处理时间（Shortest Processing Time，SPT）。所需处理时间最短的作业具有最高优先权。通常，此规则下的完工时间最短，即所有作业的处理时间之和最小。

（5）最长处理时间（Longest Processing Time，LPT）。所需处理时间最长的作业具有最高优先权。此规则的逻辑是首先开始耗时最长的工作。虽然此规则从处理时间的角度能说得通，但并未考虑到，基于作业的重要性对资源进行优先权排序可能会更好。

（6）紧迫系数（Critical Ratio，CR）。距离到期日的时间与剩余处理时间的比率最小的作业具有最高优先权。

（7）每剩余作业的宽裕时间（Slack Per Remaining Operations，S/RO）。每剩余作业的宽裕时间最少的作业被赋予最高优先权。可以用剩余部分的可宽裕时间除以剩余作业数量来计算此规则。

优先权规则的运用方法简单易懂。首先确定运用哪个优先权规则。运用不同的优先权规则会得到不同的结果。一个简单的方法是列出所有在工作中心等待处理的作业及其作业时间。作业时间应包括准备时间和处理时间。如前文所述，准备时间通常会很长。然后运用选择的优先权规则，确定哪项作业具有最高优先权，具有第一优先权、第二优先权、第三优先权等的作业分别是什么。需要按照顺序排列作业，直到计划好所有作业的排列顺序。

一旦制订好作业计划，就需要衡量计划的绩效。目前有许多可以有效衡量计划的绩效的方法。不管使用哪种衡量方法，衡量绩效都是至关重要的。如果不衡量计划的绩效，企业就不知道计划究竟好不好。以下是一些常用的衡量计划绩效的指标。

（1）作业流动时间。作业流动时间测量作业在系统中从做好准备到完成的时间，包括等待时间、准备时间、处理时间和可能的延迟时间。作业完成时间与该作业首次做好准备等待处理的时间的时间差即为作业流动时间。试想一下，如果你在 12:30 到达医院，并于 14:30 离开医院，那么在这个例子中，你的个人作业流动时间为 2 小时。

（2）系统平均作业数量。系统中的平均作业数量可以用于测量在产品库存，也会影响响应时间。系统中的作业数量越多，排序队列越长，作业流动时间也就越长。如果公司需要快速响应客户的需求，系统中的待处理作业数量需要相对少一些。

（3）完工时间。这是一项衡量效率的指标。这项指标会告诉公司完成一批作业需要多长时间。用作业组中最后一个作业的完成时间减去第一个作业的开始时间得到的就是完工时间。可以看出，完工时间与到期日没有关系。这意味着公司可能高效地完成了一批作业，但客户服务仍然相对较差。

（4）作业延迟和拖延。如果客户服务对公司来说很重要，那么公司可能需要考虑这类衡量指标。作业延迟是作业完成时间与作业应该完成的时间（到期日）之间的时间差。当作业提前完成时，则是负延迟。例如，如果作业 A 的到期日是第 8 天，在第 5 天就已完成，那么其延迟值为负 3 天。如果作业 A 的到期日是第 8 天，且正好在第 8 天完成，那么其延迟值为 0；相反，如果作业 A 在第 10 天完成，那么其延迟值为 2 天。这通常被称为拖延时间，表示完成作业的时间距离到期日已经过去了几天。

全面质量管理

全面质量管理是一项综合性的组织工作，旨在提高各个层次的工作质量。满足客户的质量期望和消除缺陷是全面质量管理的关键要素。虽然质量的重要性已经被强调了很多年，但是今天要讲的全面质量管理有所不同，不同的原因有很多。

随着时间的推移，质量的含义发生了变化和发展。在 20 世纪初，质量管理表示检查产品以确保产品符合规范。全面质量管理最重要的特点是关注客户，这与历史上对质量的关注点不同。在全面质量管理中，要求质量达到或超越顾客期望，这被称为客户之声（Voice of the Customer，VOC）。全面质量管理的目标是先明确客户的期望，然后达到客户的期望。通过全面质量管理可以得知，即使是一个完美的产品，如果其不是客户想要的，那么其几乎就没有什么价值。因此，对质量的终极要求是"顾客至上"。

虽然这听起来很简单，但由于消费者的口味和偏好在不断变化，要确定其想要什么并不总那么容易。客户通常不知道或不能清楚地表达其想要什么。比如零售业，时尚潮流和品位的变化非常迅速。公司需要经常进行焦点小组座谈、市场调查和客户访谈，以随时确定客户的需求。

全面质量管理的另一个特点是注重成本。公司非常清楚质量低劣会造成成本高昂。最明显的后果是，质量低劣会造成客户的不满，导致业务流失。质量成本的内容如图 2-4 所示。之所以存在前两种成本——预防成本和评估成本，是为了防止产生后两种成本——内部失败成本和外部失败成本。

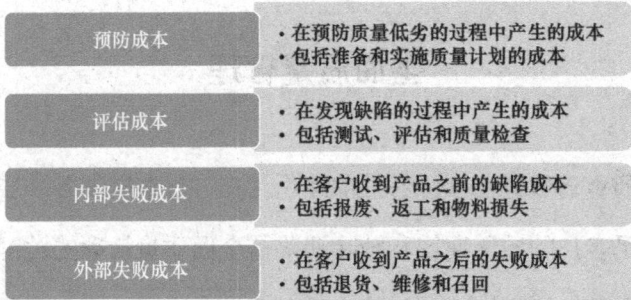

预防成本	• 在预防质量低劣的过程中产生的成本 • 包括准备和实施质量计划的成本
评估成本	• 在发现缺陷的过程中产生的成本 • 包括测试、评估和质量检查
内部失败成本	• 在客户收到产品之前的缺陷成本 • 包括报废、返工和物料损失
外部失败成本	• 在客户收到产品之后的失败成本 • 包括退货、维修和召回

图 2-4　质量成本的内容

用于评估全面质量管理的工具有很多。全面质量管理要求所有工人都负重大责任，以发现并改正质量问题。要做到这一点，需要对工人进行适当的培训。工人需要了解如何使用各种质量控制工具评估质量，以解释发现的问题并改正问题。本节将介绍 7 种质量控制工具，如图 2-5 所示。虽然这些工具很简单，但是工人通过它们可以有效地发现和分析质量问题。工人一次只能使用一种工具，但将多种工具组合在一起使用通常是最有帮助的。以下是 7 种质量控制工具的具体内容。

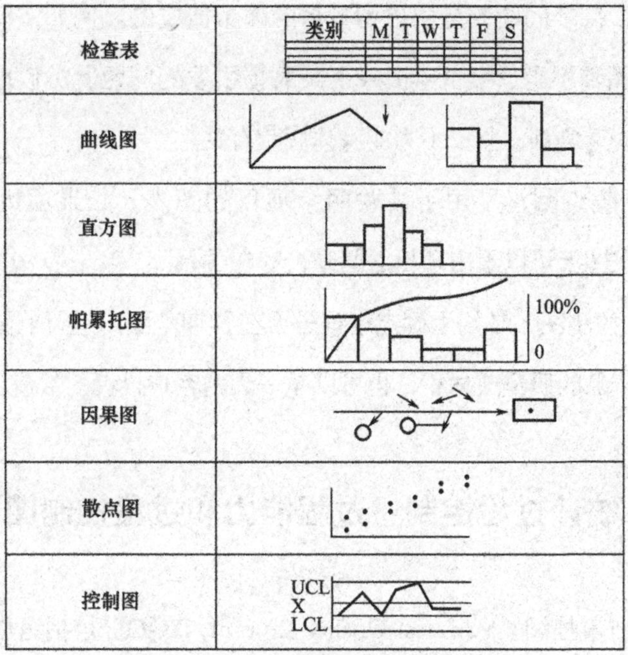

检查表	类别 M T W T F S
曲线图	
直方图	
帕累托图	100% 0
因果图	
散点图	
控制图	UCL X LCL

图 2-5　7 种质量控制工具的具体内容

（1）检查表，是常见缺陷的列表，用于记录缺陷出现的次数。虽然简单，但检查表是识别缺陷的高效工具。

（2）曲线图，能直观地显示两个变量如何相互关联。曲线图尤其可以有效地检测两个变量之间的关系。

（3）直方图，是用于显示变量观测值出现频率、分布方式的图表。直方图显示特定变量的分布方式，如变量是不是正态分布、是不是对称分布。

（4）帕累托图，是一种基于重要性识别质量问题的图表。帕累托分析告诉我们，少数原因造成了大多数质量问题。

（5）因果图（有时称为鱼骨图），是用于识别造成特定质量问题原因的工具。无论是机器、工人、供应商、物料还是生产过程其他方面的质量问题, 每个问题都是由更为具体的因素造成的。例如, 机器问题可能是因为调整不当、设备老旧或工具磨损引发的问题。类似地, 工人问题可能与缺乏培训、监督不力或身体疲劳有关。

（6）散点图, 是用于关联两个项目的图表。如果项目不断在变化, 从散点图上可以看出项目之间是否存在关系。

（7）控制图, 是用于确定过程是否在预期范围内运行的图表, 其样本可以是产品的质量或体积, 也可以是一周内客户投诉的数量。

统计过程控制: 过程能力和过程控制图

统计质量控制（Statistical Quality Control, SQC）是指运用统计工具来衡量产品和过程质量。这些工具提供可量化的衡量方法, 验证质量是否达标。统计质量控制的一个重要范畴是统计过程控制（Statistical Process Control, SPC）。这是一个统计过程, 用于验证运营管理的生产过程是否按规定运作。统计过程控制包括检查过程产出的随机样本, 并且确定过程生产出的产品的特性是否在可接受范围内。要理解这一点, 首先需要理解变差的概念。下面将介绍什么是变差, 然后再说明变差与过程能力和过程控制图的关系。

变差

所有的过程都存在一定的自然变差。这种变差可能是由许多因素引起的, 其中一些因素是可以控制的, 而一些因素是过程中固有的。变差可分为两种类型：可指定变差和随机变差。可指定变差是由可明确识别和管理的因素引起的。例如，由于机器调整不当引起的产出变差。随机变差是过程本身所固有的。

造成可指定变差的原因可以被准确地识别和消除。此类变差的例子包括供应商质量、工人绩效或机器未校准造成的变差。在这些例子中，每个问题都可以被识别和解决。相反，随机变差是源于无法确定的因素。如果你仔细看软饮料瓶，会发现在未开封的饮料中，没有两瓶饮料的装满刻度线是完全相同的。这类变差是完全正常的，因为没有两种产品是完全相同的。这是由物料、工人、机器、工具和其他因素的细微差别引起的。质量控制的一项重要任务是确定过程中随机变差的数量。企业可以通过监控过程确保变差量不超过预定的变差量。

过程能力

过程能力用于衡量过程是否达到了一定的质量标准。如果生产过程根本达不到质量标准，质量标准就毫无用处。我们能设计出优质的产品，但如果生产出来的实际产品不能达到所需的质量水平，这些设计将一文不值。如果系统根本生产不出符合质量标准的产品，再严格的质量标准也毫无用处。

在实施质量计划时，需要考虑的第一个问题是，生产出的产品的规格是否能够达到期望的产品规格。公差是允许的质量特性设定值。可以为产品尺寸设定公差，如长度或重量；也可以为客户服务标准设定公差，如客户投诉数量。这些公差范围通常由设计工程师制定，在制定时需要考虑产品的使用方式和客户的期望。对于被认为是可接受的产品，其特性必须在设定的公差范围内。例如，加工零件的公差宽度可以设置为 20 英寸 ±0.5 英寸（1 英寸约为 2.54 厘米）。这表明零件的宽度应为 20 英寸，但可以在 19.5 ~ 20.5 英寸变化。任何零件的宽度超出这个范围都是不能被接受的。

对于被认为"有能力"生产设定公差范围内产品的过程，过程本身的自然变差不能超过设定的公差范围。因此，过程能力涉及评估过程的变差，并将其与产品公差进行比较。

为了了解其工作原理，我们来看看 3 种涉及公差范围的过程变差情况：（1）过程变差等于公差范围；（2）过程变差大于公差范围；（3）过程变差小于公差范围。以一家生产瓶装草莓果酱的公司为例，该公司规定产品规格为 16 盎司 ±2 盎司（1 盎司约为 28.35 克）。所以，瓶装草莓果酱的产品规格范围在 14 ~ 18 盎司。图 2-6（a）显示了产品容量在 14 ~ 18 盎司（±3σ）的分布情况。假设产品容量呈正态分布，通过统计分析，我们知道 99.74% 的产品在 ±3σ 范围内。在这个例子中，我们可以看到过程变差与产品公差相匹配。这表示该过程能够在设定的公差范围内生产产品。

然而，在图 2-6（b）中，99.74% 的产品的容量在 13 ~ 19 盎司（±3σ）。在这种情况中，过程变差超出了产品公差范围，生产的产品中有很大一部分会超出允许的范围。在这种情况中，该过程不能在设定的公差范围内生产产品。

在图 2-6（c）中，99.74% 的产品容量在 15 ~ 17 盎司。在这种情况中，过程变差的范围小于设置的公差范围，说明过程能力大于最低限度能力。

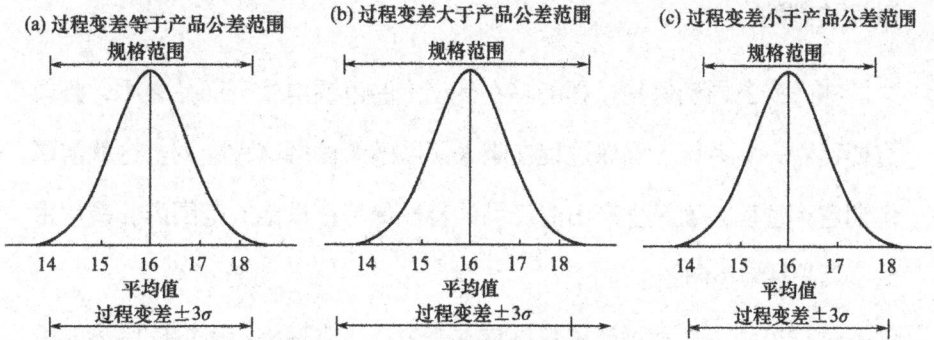

图 2-6　过程变差和产品公差

过程能力可以用过程能力指数来衡量。过程能力指数为产品公差范围与过程变差范围之比，其公式如下。

$$C_p = \frac{\text{产品公差范围}}{\text{过程变差范围}} = \frac{\text{USL} - \text{LSL}}{6\sigma}$$

产品公差范围是过程的规格上限（Upper Specification Limit，USL）和规格下限（Lower Specification Limit，LSL）之间的差值。被监控过程的过程变差范围为 6 个标准差（6σ）。使用 6σ 是因为 99.74% 的产品分布在 $\pm 3\sigma$ 内，共 6σ。C_p 比较容易解释，其解释如下。

$C_p = 1$：过程变差恰好符合公差规范，如图 2-6（a）所示。过程能力刚好等于"最低限度能力"。这表示过程是具备能力的，但刚刚勉强达标，最好仔细关注过程。

$C_p \leqslant 1$：过程变差超过公差范围，如图 2-6（b）所示。过程不能生产符合规格的产品。这意味着必须改进过程。

$C_p \geqslant 1$：过程变差小于公差范围，如图 2-6（c）所示。过程能力超出最低限度能力。在这种情况中，实际过程能力优于所需能力。

过程控制图

在一家公司确保其过程能够在其设定的范围内生产产品之后，公司需要建立一个系统，确保过程在未来可以继续保持这种能力。这就需要定期监控过程，确保生产出的产品的特性保持在设定的范围内。最常用的工具是过程控制图。

过程控制图是一种显示数据样本是否在正常变差范围内的图表。过程控制图有控制上限和控制下限，可区分常见变差原因和可指定变差原因。当过程控制图显示一个或多个数据样本超出控制范围时，过程就失去了控制。图 2-7 显示了数据何时超出控制范围以及何时需要调查变差原因。

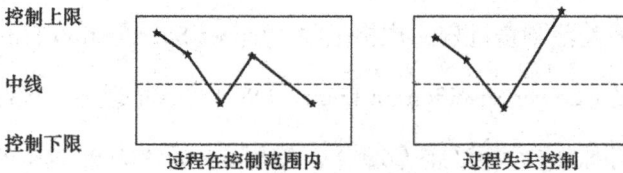

图 2-7　过程控制图

为了监控过程，需要定期采集过程产出的样本并绘制过程控制图。当观测值超出控制限值时，则假定过程不在控制范围内。在这种情况下，需要停止生产，负责生产的员工需要尝试找出问题的原因并加以改正。

过程控制图是统计过程控制最常用的工具之一，可用于追踪产品任何特性的性能。想象一种特性，可以是一罐糖果的重量、一辆汽车的缺陷数量等。这些特性可以通过过程控制图来衡量。过程控制图数据可以监控的特性可分为两种：变量和属性。

变量控制图用于监控可衡量的特性，这些特性具有连续性，如高度、重量或容量。软饮料装瓶作业就是变量控制的例子，因为瓶子中的液体量可以测量，并且具有许多不同的值。其他的例子包括一袋糖的重量、烤箱的温度或塑料管的直径等。

属性控制图用于监控具有离散性且可以计数的特性。通常用简单的是或否就能评估这些特性。例如颜色、味道或气味是否正常。一个属性只需要单一的判定，例如是或否、好或坏、可接受或不可接受（例如，苹果是好的还是坏的、松饼是新鲜的还是不新鲜的、拉链是坏的还是好的、灯泡是亮的还是不亮的）和缺陷的数量（例如，盒子里坏饼干的数量、汽车凹痕的数量、船底藤壶的数量）。过程控制图可以用来监控属性和变量。

六西格玛

六西格玛（Six Sigma）是一个质量管理过程，使用严格的衡量标准来减少过程变差和消除缺陷。六西格玛起源于20世纪70年代的摩托罗拉（Motorola），其严格的标准后来被通用电气（General Electric）、洛克希德·马丁（Lockheed Martin）、联合信号（Allied Signal）、美国运通（American Express）、德州仪器（Texas Instruments）等公司采用。如今，六西格玛质量标准已成为许多行业的基准。

六西格玛规定质量缺陷率不超过3.4ppm（1ppm=1×10^{-6}）。西格玛（σ）代表过程标准差，并衡量过程标准差与理想值的差值。一个 $\pm 3\sigma$ 的过程表示其缺陷率为2,600ppm，而六西格玛要求缺陷率不超过3.4ppm，如图2-8所示。公司通过严格提高质量和消除缺陷来消除浪费，以此实现目标。六西格玛的理念是系统地识别和消除缺陷，并尽可能接近"零缺陷"。质量的概念是精益的核心，二者齐头并进，消除浪费，根除缺陷。公司实现六西格玛的目标需要依靠之前讨论过的所有工具。

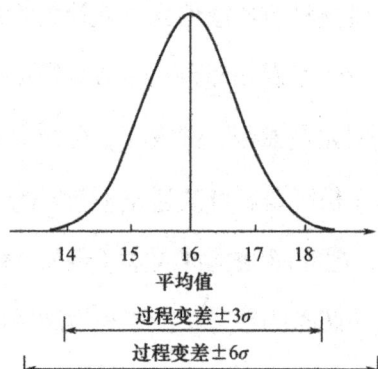

图 2-8　六西格玛与三西格玛质量

为了实现六西格玛的目标，公司通常会关注各个层面的质量。在进行产品设计之前，市场营销部门要确保产品特性是客户想要的，运营部门确保通过产品设计、制造过程和使用物料得到的产品特性是准确无误的。六西格玛的概念也是其他职能不可分割的一部分。六西格玛可用于财务部门，以减少成本计算错误和月底结账所需的时间。六西格玛需要公司所有部门以及整个供应链的参与。

六西格玛方法论

六西格玛方法论涉及两个方面。第一个方面是运用技术手段，找出并消除质量问题的原因。事实上，实施六西格玛的公司在很大程度上依赖定量和数据驱动的技术工具。这些技术工具包括统计质量控制工具和前文讨论的 7 种质量控制工具。整个公司自始至终都会使用这些技术工具。

第二个方面是人的参与，就像精益的其他所有方面一样。在实施六西格玛的公司中，所有员工都接受过技术工具使用方法的培训，并负有解决质量问题的责任。通过授予员工不同的头衔来反映其在六西格玛管理过程中的技能水平。"黑带"和"黑带大师"是指受过大量技术工具使用训练并负责实施六西格玛的个人。他们是有经验的个人，负责监督、分析、控制过程和改进工作。为实现这些职责，他们会作为持续改进过程的教练、团队领导和促进者。"绿带"是指在技术工具方面受过足够训练，能够为团队或小型个人项目服务的个人。

六西格玛是围绕定义、衡量、分析、改进、控制（Define/Measure/Analyze/Improve/Control，DMAIC）来组织的，包含以下内容。

定义：定义过程的质量问题。

衡量：衡量过程的当前绩效。

分析：分析过程以找出引发质量问题的根本原因。

改进：通过消除引发问题的根本原因来改进过程。

控制：控制过程以确保持续改进。

前 3 个步骤是对现有过程的研究，而后 2 个步骤涉及过程改进。所有步骤都广泛使用定量工具，如衡量当前绩效和分析过程的问题根源。步骤 5 完成后返回至步骤 1，因此这是一个永无止境的连续过程。六西格玛的功能之一是不断地寻找质量问题并改进问题。在组织中，这些事情是由"黑带"领导的。

成功实施六西格玛需要组织高层领导的参与。高层领导必须促进过程，消除实施障碍，并确保组织拥有合适的资源。其中，关键人物是六西格玛的倡导者。这个人需要来自组织高层，负责指导和监督过程的各个方面。

ISO 标准

20 世纪 80 年代，国际贸易增长，创造了对通用质量标准的需求。因此，国际标准化组织（International Organization for Standardization，ISO）于 1987 年发布了第一套质量管理标准 ISO 9000。这些标准已成为许多行业中各种类型的公司采用的国际质量标准。如今，许多行业都将 ISO 认证视为开展业务的必备条件。

ISO 9000 由一系列标准组成，这些标准涉及质量管理过程的方方面面。例如，ISO 9001 提供了一套管理系统标准。这些标准共同衡量公司为满足客户质量要求和适用法规要求所做的工作。需要注意的是，ISO 9000 是过程标准，而不是产品质量标准。ISO 9000 可以用于查证公司衡量和记录的质量过程是否符合标准，但不涉及实际产品质量的标准。

ISO 提供认证，符合 ISO 认证标准的公司可通过 ISO 认证。如果一家公司通过了 ISO 9000 认证，说明公司已经达到了标准，并且具备恰当的质量过程。为了获得 ISO 认证，公司必须提供大量的质量过程证明文件，包括用于监控质量的方法、工人培训频率、作业描述、检查计划和使用的统计过程控制工具。所有过程的详细证明文件都非常重要。提交文件后，会由一名 ISO 检查员对公司进行审查，检查员会视察车间并核实所有文件。

第二个系列标准是涉及环境管理的 ISO 14000。ISO 14000 可用于评估公司为尽量减少其活动对环境造成的有害影响和持续改进环保成效所采取的措施。

随着人们对绿色制造越来越感兴趣，越来越意识到环境问题的严重性，ISO 14000 成了证明企业环境责任的一套重要标准。

约束理论

要想将供应链作为一个系统进行管理，你需要了解控制过程交互的基本原则。艾利·高德拉特（Eliyahu M. Goldratt）博士在他的书《目标》（*The Goal*）中提出了一种名为约束理论（Theory of Constraints，TOC）的管理哲学。约束理论阐明了控制过程交互的基本原则。

约束理论的前提是，每个系统都有一个或多个限制因素，使其无法进一步实现目标。这类似于一条链子中最薄弱的环节。为了显著改进系统，必须确定最薄弱的环节，或者说确定约束。在管理整个系统时必须谨记约束，且系统中至少会有一个约束。约束理论过程旨在找到约束，并围绕约束重组组织的其他部分，从而消除约束的不良影响。约束有时被称为"瓶颈"。约束理论提供的原则适用于管理所有过程系统，无论是组织中还是整个供应链中的过程系统。

设备可以是一种约束，其受到自身生产能力的限制。人可以是一种约束，其可能缺乏技能或过程能力一般。工厂也可以是一种约束，如工厂的大小可能会限制存储量。约束理论的重点是发现和管理约束。

知道系统的产出无法超过其瓶颈或约束是非常重要的。举一个简单的例子，4 个过程关联在一起——A、B、C 和 D。如果过程 A 每天可以生产 30 个单元，B 每天可以生产 25 个单元，C 每天可以生产 15 个单元，

D 每天可以生产 30 个单元，那么系统瓶颈或约束是什么？是过程 C。因为我们无法让过程 C 的每日生产量超过 15 个单元。尽管过程 A 和过程 B 的每日生产量更多，但生产时无法跳过过程 C。过程 C 阻碍了系统的发展。这就是约束，如图 2-9 所示。

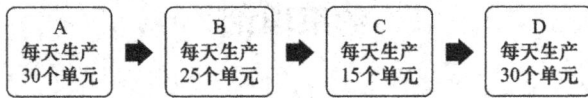

图 2-9　过程 C 是系统的瓶颈

约束理论通过以下步骤来管理约束。

（1）确定约束。图 2-9 中的约束是过程 C。

（2）利用约束。必须最高效地利用约束，并确保时间不会浪费在不应做的事情上。

（3）其他所有过程都服从上一个步骤。这意味着要围绕约束来使整个系统保持一致。

（4）提升约束的地位。如果有可能，增强约束的能力。例如，可以通过添加另一台机器来增强过程 C 的能力，也许其每天的生产量就可以增加到 35 个单元。这样的话，过程 C 不再是一种约束。约束现在已经转移。那新的约束是什么呢？

（5）当约束转移时，返回到步骤 1 确定新约束。

（6）持续改进。不断重复这些步骤，因为这是一个永无止境的过程。

5S

5S 是一种对工作场所进行组织、管理的方法，其名称由 5 个日语单词组成：seiri、seiton、seiso、seiketsu 和 shitsuke。该方法描述了如何通过确定和存储生产要素、维护区域和生产要素，以及维持新订单来组织作业空间，以提高效率和效益。5S 的概念在运营管理中非常重要，尤其是作为专注于消除浪费的全面质量管理和精益系统的一部分。5S 为员工提供了一系列关于如何在工作中消除浪费的规则，实施 5S 的公司将消除浪费视为日常工作的一部分。

5S 包含以下主要活动。

（1）排序（Sorting）。丢弃所有不必要的工具和零件。仔细检查工作区域中的所有工具、物料和设备。仅保留基本物资，丢弃不需要的物资，按要求对事物进行优先权排序，并将优先权高的事物放置在容易获取的地方。存储或者丢弃其他所有物资。

（2）整顿或整理（Straightening or Set in Order）。合理安排工作、工人、设备、零件和指令，分配必要的劳动力完成增值任务，保证顺畅、无浪费地完成工作。这一步骤减少了大多数非增值时间，让全面质量管理和精益的其他零缺陷理念得以践行。

（3）系统清洁（Systematic Cleaning）。清洁工作区和所有设备，保持干净、整洁和有序。在每个班次结束时，清洁工作区域，并确保所有东西都恢复原位。这一步骤可确保工作站已准备好服务下一个用户，订单也得以维系。

（4）标准化（Standardize）。确保作业全程统一规程和设置，以提高可交换性。

（5）维持（Sustain）。确保严格遵守规则和规程，以防止倒退。这个类别有时还包括另外 3 项活动：安全、保障和满意度。这些通常已经被认为是 5S 系列的一部分。因此，添加这些活动通常只是为了阐明其被包含在 5S 方法论中。

（6）安全（Safety）。是否要通过明确说明安全的价值来证明第 6 个 S 可以提高安全性目前尚存在争议，或者说，当一个综合安全计划在以效率为中心的商业方法论中被降级为单一安全计划时，其效力是否会被削弱。

（7）保障（Security）。第 7 个 S 用于明确并解决关键业务类别的风险，包括固定资产、物料、人力资本、品牌资产、知识产权、信息技术、在途资产和扩展的供应链等。

（8）满意度（Satisfaction）。员工感到满意并持续参与改进活动可确保持续改进。

保持标准的持续教育是非常重要的。当出现影响 5S 计划的变化时，如新设备、新产品或新工作规则，必须变更相应标准并提供培训。实施 5S 的公司经常使用海报和标志来教育员工和维持标准。5S 方法论的许多活动都是假定的。然而，明确说明和实施这些活动可以为工作场所组织、创建正式的计划，并且这些活动对消除浪费和提高效率来说十分重要。

讨论题

（1）详细说明销售和运营计划过程。

（2）为什么战术决策必须与战略决策保持一致？如果不一致，会对公司造成什么影响？

（3）生产计划对运营管理资源的直接影响是什么？

（4）列出生产计划的类型，并说出其优势和劣势。每种计划最适用的情况是什么？

（5）设备需求计划包括哪些决策？为什么这些决策在与运营管理关联后如此重要？

（6）定义资源计划的3种类型。这些计划有哪些相似之处？

（7）公司差异如何影响公司采用高产量作业还是低产量作业？

（8）组织应该如何确定其优先权规则？确定优先权规则后，组织应该如何衡量其表现？有没有正确的方法？

（9）讨论全面质量管理的特征（如客户期望、成本等），以及每个特征在提高整体质量中如何发挥关键作用。

（10）是否可以提前识别并管理所有变差？为什么？

（11）解释六西格玛。公司如何运用六西格玛来提高质量？简述公司将六西格玛整合到所有业务职能中的步骤。

（12）讨论六西格玛如何利用人员参与来使生产变得精益。

（13）详细说明约束理论。约束有哪些，约束理论教我们如何管理约束？

（14）定义5S中的每个S。为什么每个S都很重要？

03

运营管理战略

运营管理战略概述及其重要性

一个企业要想在市场上保持竞争力，就必须有长远的商业战略。正如我们已经了解到的，商业战略为企业提供清晰定义公司长期目标的计划、告诉企业如何实现这些目标，以及告诉企业如何与竞争对手竞争。商业战略应该利用企业的核心能力或优势，并细致分析市场特点。

回想一下，运营职能负责管理企业生产产品和服务所需的资源。运营战略是详述所有资源设计和使用的计划，从而支持商业战略。思考一下运营职能可以管辖的所有资源，你就知道运营战略涉及的范围有多大。运营战略为可用设施的位置、规模和类型，工人技能和人才需求、技术使用、特殊工艺需求、特殊设备，以及质量控制方法等制订计划。

运营战略必须与企业的商业战略一致，从而促使企业实现其长期计划。如快递服务提供商联邦快递（FedEx）这样的公司的商业战略。联邦快递的商业战略是提高交货时间和可靠性的竞争力，然后制定运营战略，并根据运营战略制订资源计划，支撑其商业战略。联邦快递是怎么做到的？为了提高快递的运输速度，联邦快递建立了自己的航运队伍。为了提高快递交付的可靠性，联邦快递投资了复杂的条形码技术，用于跟踪所有包裹。商业战略和供应链战略之间的关系如图 3-1 所示。

所有成功的企业几乎都有这样的案例。以西南航空公司为例，该公司最初是一家地区性航空公司，其战略是在成本上提高竞争力。这是西南航空公司的商业战略，而商业战略需要通过运营将其落实。西南航空公司在很多方面做到了这一点。首先，这家航空公司只用一种飞机——空客 737。这实际上对运营的许多方面产生了影响，例如能够简化日程，因为所有飞行机组人员都在同一种飞机上工作，而其他航空公司不是这样的。西南航空公司以不提供食物、不提供选座服务和不提供头等舱而闻名，也是首家提供电子机票的航空公司。所有这些要素都有助于降低运营需求，最终达到降低成本的目的。

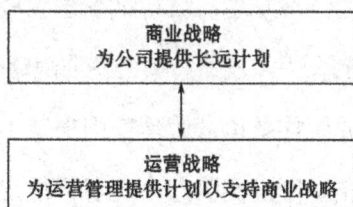

```
┌─────────────────────────┐
│       商业战略           │
│   为公司提供长远计划      │
└─────────────────────────┘
            ↕
┌─────────────────────────┐
│       运营战略           │
│ 为运营管理提供计划以支持商业战略 │
└─────────────────────────┘
```

图 3-1　商业战略和运营战略之间的关系

需要注意的是，西南航空公司的战略与其他一些航空公司形成对比，例如新加坡航空公司（Singapore Airlines）。新加坡航空公司的竞争力在于舒适性。新加坡航空公司与西南航空公司的战略不同，追求不同的市场。新加坡航空公司的目标客户是商务旅行者，其不在成本控制上进行竞争。因此，它的运营需求与西南航空公司不同，包括以更高的价格提供豪华服务、专用空间和食物。并非所有战略都适用于每个公司。关键是公司需要清楚地了解其商业战略，并将商业战略传达给运营部门，而反过来，运营部门需要以支撑特定商业战略的方式组织所有资源。我们必须认识到保持战略一致性的重要性。现在我们来讨论一下战略一致性。

战略一致性

商业战略和运营战略之间必须保持战略一致性。公司的运营战略应该推动和支持公司的商业战略。以一家电子公司为例，该公司制定了一项商业战略——提高交付方面的竞争力，例如订单完成时间。因此，该公司的运营战略可能是提高交付速度，虽然其成本可能更高。想象一下，现在公司的最高管理层决定改变商业战略，在其他方面提高竞争力，比如成本方面。这种变化经常发生在公司试图适应最新的竞争和市场状况时。如果公司改变商业战略后，没有将新的商业战略传达给运营管理部门，会发生什么情况呢？或者如果运营管理部门决定不调整运营方向，会发生什么情况？该公司在交付方面仍然会表现得很出色，但会产生更高的成本，无法实现公司设定的商业目标。

制定运营战略时不应只模仿竞争对手，也不应只侧重于降低成本。这是许多公司常犯的错误。相反，运营管理职能的设计和定位应该支持公司的战略方向，使公司在市场上具有竞争优势。运营管理职能可以根据公司的竞争重点进行不同的设计，我们稍后将在后文讨论这个问题。如今一些成功的公司，如联邦快递和西南航空，其在全世界都非常出名，在很大程度上是因为其精心设计了运营战略，并根据运营战略管理资源。全球各地的公司都明白，如果不战略性地思考自己的运营管理职能，就无法提高竞争力，就无法在当前的全球经济环境中生存和繁荣发展。

除了运营管理外，所有组织职能的设计都应该支持商业战略。组织职能包括市场营销、运营、运输和物流、分销、采购，甚至财务。此外，组织职能应该相互支持。这种职能一致性和对商业战略的支持使组织能够以协同的方式运作,而不是以一系列分散和不协调的职能分别运作。
成功的世界级公司的每种业务职能都支持商业战略,所有的业务职能都
相互协调运作。

竞争优先权

公司一旦制定了其商业战略,运营管理职能就需要制定自己的战略
来支持商业战略。运营战略以支持商业战略的方式设计和管理运营功能
计划。运营战略将商业战略与运营功能连接起来。然后,运营战略将重
点放在能使公司在市场上提高竞争优势的具体运营能力上。这些能力被
称为竞争优先权。如果选择的能力能够强于竞争对手,公司可以在这个
市场上成为赢家。

这些竞争优先权以及竞争优先权与运营功能设计的关系如图 3-2 所
示。我们可以看到,战略计划驱动运营计划,然后运营计划被用于规划
运营功能设计。运营功能具有两个要素:运营结构和运营基础设施,后
文会对其进行详细介绍。

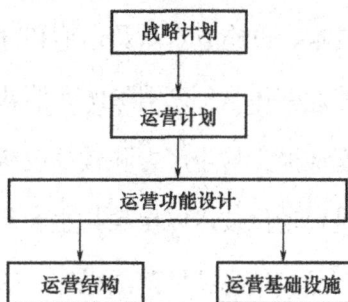

图 3-2 运营战略要素

运营管理者必须与市场营销部门密切合作，以确定和知晓公司在竞争市场的竞争情况，然后才能决定侧重于发展哪些竞争优先权。竞争优先权有四大类：成本、质量、时间和柔性。当然，还有许多其他的竞争优先权，如客户服务或创新。竞争优先权决定了公司如何在市场上竞争，而要实现竞争，需要做的事情数不胜数。接下来我们来看一下 4 个最重要的竞争优先权。

基于成本

基于成本竞争意味着以低于市场上竞争产品价格的价格供应产品。成本竞争的决策产生于商业战略，商业战略会声明成本是公司的主要竞争重点。采用这种战略的公司通常会供应折扣产品，比如达乐公司（Dollar General）。运营战略的作用是制订资源使用计划，以支持成本竞争。请注意，低成本战略可以带来更高的利润率，即使是以具有竞争力的价格出售产品。而且低成本并不意味着低质量。在基于成本竞争的公司中，我们可以发现其运营职能的一些具体特征。

为了发展成本竞争优先权，运营职能必须主要侧重于降低系统成本，如劳动力成本、物料成本、设施成本以及运输和分销成本。基于成本竞争的公司会仔细研究其运营体系，以消除所有浪费；可能会给员工提供额外的培训，最大限度地提高其生产力和减少废料。此外，基于成本竞争的公司还可能会引进自动化技术以提高其生产率。一般来说，基于成本竞争的公司供应的产品和产品特性范围很窄，基本无法实现定制化，且运营过程会被设计得尽可能高效。此外，这些公司的产品质量或客户服务并不一定差。简单来说，公司的运营职能侧重于成本，将成本作为驱动因素。

基于质量

许多公司声称质量是其最高优先权，许多客户说其在购买产品时追求质量。然而，质量的定义是主观的，质量的好坏取决于定义质量的人。想想你对一个产品或服务的看法，比如一辆汽车或一个比萨，再想想你的朋友或同事对其的看法。你们很可能对真正构成质量的维度有不同的看法。公司必须清楚地认识到目标市场对质量的评判标准。

一般来说，将质量作为竞争优先权包含两个维度。第一个维度是高性能设计。这意味着运营职能会侧重于质量层面，例如优质特性、精密公差、高耐用性和出色的客户服务。第二个维度是产品和服务的一致性，这个维度衡量产品或服务达到精确设计公差范围的频率。

以质量作为竞争点的公司需要在组织的各个方面提高质量。仅仅在一个方面（比如采购）提高质量是不够的。首先需要解决的一个方面是产品设计质量，这要确保产品满足客户的需求。回想一下第2章，我们讨论了质量是由客户而不是组织定义的。产品设计质量是全面质量管理的一个关键要素，将质量作为竞争优先权时需要考虑产品设计质量。

第二个方面是过程质量，过程质量涉及生产无差错产品的设计过程。这需要公司关注设备、工人、物料，以及运营的每一个方面，以确保按照预期的方式运营。以质量作为竞争点的公司必须解决这两个问题：设计的产品必须能满足客户的需求，而且过程必须完全按照设计生产产品。

第 2 章讨论了过程能力的概念和控制图的运用。通过衡量过程能力，我们可以评估生产过程是否"有能力"按照质量标准生产产品。一旦确定过程确实是"有能力"的，我们需要运用控制图定期监控过程，确保过程总是按照预期的方式生产；如果没有能力，我们就必须调整过程。对于一个以质量作为竞争点的公司来说，实施过程能力和运用控制图是非常关键的。

基于时间

时间或速度是如今最重要的竞争优先权之一。这可能包括生产速度、产品创作速度或产品交付速度。各行各业的公司竞相在尽可能短的时间内提供高质量的产品。将时间作为竞争优先权意味着在所有与时间相关的问题上都要进行竞争，例如快速交付和准时交付。快速交付指收到订单产品的最短时间内交付，准时交付指按时交付产品。

另一个基于时间的竞争优先权是开发速度，开发速度是将一个想法推向市场所需的时间。这在技术和计算机软件领域尤为重要。当竞争优先权是时间时，运营的工作是全力分析系统，结合或简化过程，从而节省时间。通常公司会使用技术来加速过程，依靠可变动的劳动力来满足高峰期需求，并去掉生产过程中不必要的步骤。将时间作为竞争优先权意味着通过优化生产系统来消除浪费。这就需要分析生产过程并避免不必要的过程。这通常需要进行过程分析，关注通过系统的物料的流转速度。然而，有时为了获得基于时间的竞争优先权，公司可能需要引进更多的技术或人员，因此产生更多的成本。因为这种竞争优先权关注时间，所以要实现它，公司很可能会付出更多的成本。一般来说，那些把时间作为竞争重点的公司，为了加快生产速度，会付出更多的成本。

基于柔性

公司越来越依赖的一个竞争优先权是其快速变化的能力。随着经营环境的迅速变化，包括客户需求和期望，增强快速适应这些变化的能力可能是一个成功的战略。这就是柔性作为竞争优先权的含义。柔性包含两个维度。一个维度是提供多种多样的产品或服务，并根据客户的独特需求进行定制，这被称为产品柔性。一个具有柔性的系统可以快速生产新产品，这些产品可能对客户很重要；公司也可以很容易地放弃不好的产品。柔性的另一个维度是迅速增加或减少为满足需求变化而生产的产品的数量，这被称为产量柔性。你可能认为第二个维度不重要，但实际上它很重要。当产品表现良好时，迅速增加产量对占领市场至关重要。同样，当产品在市场上表现不佳时，放慢生产速度或改变生产内容来应对市场需求也是取得成功的重要条件。

基于产品柔性竞争的公司通常不能基于速度进行竞争，因为这样的公司通常需要更多的时间来生产定制化产品。具有柔性的公司通常不基于成本进行竞争，因为这样的公司可能需要更多的资源来定制产品。然而，具有柔性的公司往往可以提供定制化的客户服务，能满足独特的客户需求。为了实施这一战略，具有柔性的公司往往拥有更多的通用设备，用来制造许多不同种类的产品。此外，具有柔性的公司的员工往往具有较高的技术水平，通常可以为满足客户需求执行许多不同的任务。

运营结构和运营基础设施

一旦公司决定了其竞争优先权，下一步就需要通过运营管理以转换过程的形式来落实竞争优先权。

运营战略通过将运营重点放在正确的竞争优先权上，使商业战略需求转换为更具体的运营职能。一旦确定了竞争优先权，就要制订计划来支撑这些优先权。运营战略规定组织资源的设计和使用。也就是说，运营战略规定具体的运营要求。如前文所述，运营管理职能具有两个要素：运营结构和运营基础设施。结构和基础设施共同处理运营职能的方方面面，如下所述。

（1）运营结构。结构是与生产过程本身的设计相关的运营决策，如位置、所用设施的特性、合适的技术以及通过设施流转的产品和服务。这些决策类似于硬件在计算机系统中的角色。

（2）运营基础设施。基础设施是与运营计划和运营控制系统相关的运营决策，如运营职能的组织、工人的技能和薪水，以及质量控制方法。这些决策类似于软件在计算机系统中的角色。

生产过程的结构和基础设施共同决定公司运营职能的本质。公司必须调整生产过程的结构和基础设施，以使公司能够实施其长期计划。假设一家公司已经确定将交付时间或交付速度作为其在目标市场的竞争优先权，那么运营职能需要设计生产过程，促进产品快速交付。这可能意味着系统不一定以绝对的最低成本生产产品，因为这可能需要更多的劳动力、更昂贵的或额外的设备来提高生产速度。重要的是，生产产品或交付服务的每一个维度都需要支持这一竞争优先权。然而，其他竞争优先权也不容忽视。要想留在市场上，就必须在其他维度具有一定水平的竞争力。思考一下，也许你在匆忙时选择了一家服务速度快的快餐店，但这家快餐店仍然要有一定的质量水平才能让你继续成为它的顾客，而且其产品的价格还必须在一定的范围之内。这不是侧重一个优先权而摒弃其他优先权的问题。相反，这是一个程度问题，或者说，相对于其他优先权，我们会在多大程度上关注一个特定的优先权。

订单赢得要素和订单资格要素

为了帮助公司确定要重点发展的竞争优先权，区分订单赢得要素和订单资格要素是非常重要的。订单资格要素是指，如果公司想在特定市场开展业务，必须要满足的竞争优先权。而订单赢得要素是帮助公司在市场上赢得订单的竞争优先权。以一家制作和运送比萨的小餐馆为例，其订单资格要素是价格和交货速度，但订单赢得要素可能是新鲜食材和自制口味。这些特点可能会将这家餐厅与其他所有比萨餐厅区别开来。然而，不管比萨有多好吃，如果达不到订单资格要素的最低标准，餐厅就不会成功。知道特定市场的订单赢得要素和订单资格要素对于获得正确的竞争优先权来说至关重要。

知道订单赢得要素和订单资格要素会随着时间的推移而变化是非常重要的。通常，当市场中的一家公司通过运用特定的订单赢得要素成功地赢得竞争时，逐渐会有其他公司效仿。其结果就是，订单赢得要素成为行业标准，或成为订单资格要素。为了竞争成功，公司必须改变其订单赢得要素来凸显自己的优势。汽车行业中有一个优秀案例。20 世纪 70

年代以前，美国汽车行业的订单赢得要素是价格。随后，日本汽车制造商以合理的价格进入市场，并将质量作为竞争优先权，质量成为新的订单赢得要素，价格变成了订单资格要素，或者说是一种期望。到了 20 世纪 80 年代，美国汽车制造业提高了质量水准，与日本汽车公司同台竞争。然后质量变成了订单资格要素，因为每家汽车制造商的质量标准都相同。

过程战略

过程战略涉及生产过程，生产过程可以精确地创造已经设计好的产品，而产品也通过相应的过程进行生产。看看你身边所有不同的产品，从一盒巧克力到计算机上的软件，再思考一下其创造过程，你就会意识到这些产品是通过不同的过程制造出来的。有些过程生产标准化的不用定制的产品，例如智能手机塑料壳；有些过程要与客户一起定制特定的产品，例如与你会面并帮助你填写纳税申报表的会计师。

虽然不同公司的过程存在差异，但很多过程存在一定的共性。基于共同的特点，过程可以被分为两大类：间歇过程和重复过程。这两种类别几乎在各个方面都不同。然而，二者最常见的区别在于两个方面：产品产量和产品标准化程度。产品产量是指产品的生产量，可以指少量的同类定制化产品的生产量，也可以指批量生产的产品的生产量。产品标准化是指对产品的类型、性能、规格、质量、所用原材料、工艺装备和检验方法等规定统一标准。标准化产品的例子有白色汗衫、糖和邮政服务。生产标准化产品和定制化产品的过程需求（包括设备和劳动力）是不同的。

间歇过程

　　间歇过程用于生产具有不同加工需求的各种类型的产品,产量较低。例如汽车修理厂、工具和模具厂、医疗保健设施工厂。由于不同的产品有不同的加工需求,所以没有标准的过程可以适用于工厂中的所有产品。相反,资源可以按照功能分组,根据产品需求分配给产品。例如汽车修理店,每辆汽车都是"产品",都根据需求被分配到不同的部门或工作中心。一辆汽车可能只需要快速打磨小凹痕,然后喷漆和干燥;另一辆汽车可能需要进行发动机测试,然后再进行修理。每个产品都会根据需求流转到不同的工作站。

　　间歇过程用于在产品生命周期的早期阶段生产产品,产品在这个阶段还没有被完全定义。间歇过程往往是劳动密集型的,而不是资本密集型的,以保持生产柔性。工人需要有能力根据产品处理需求执行各种任务。这些过程通常依赖于高技术工人,并且他们有自由执行工作的权利。间歇过程的设备更加通用,以满足不同的加工要求。而自动化在间歇过程不太常见,因为自动化往往适用于特定的产品,而且为了一种产品类型引进自动化技术并不具有成本效益。

重复过程

　　重复过程用于大量生产一种或几种标准化产品。例如汽车流水线、自助餐厅和自动洗车机。机器和工人等资源被组织成一条生产线,高效地生产产品。

　　重复过程往往用于在产品生命周期的后期阶段生产产品,较大的产量已经被成熟市场证明。重复过程大量生产一种产品，这些过程更像是资本密集型的，而不是劳动密集型的。大规模生产就是一个例子，公司在设施和设备上投入了大量资金，产品一致性程度高。这些设施通常依靠自动化技术，而不是依靠劳动力技能来提高效率和增加产量。生产量通常基于对未来需求的预测，而不是直接基于客户订单。

产品过程矩阵

间歇过程和重复过程这两种过程类别可以被进一步划分，提供更为详细的信息。间歇过程可以分为项目过程和分批过程。重复过程可以分为线过程和连续过程。这提供了过程类型的连续体，被称为产品过程矩阵，如图3-3所示。请注意，在图3-3中的4种过程类型中，类型1是类型2更为极端的情况，类型4是类型3更为极端的情况。

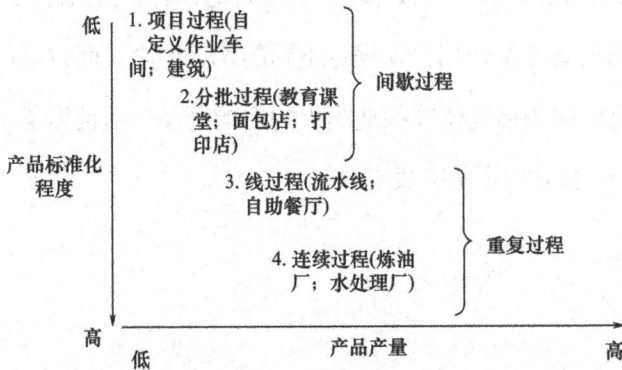

图3-3　产品过程矩阵[1]

（1）项目过程用于使同类产品完全符合客户规范。由于每种产品都不同，这些过程适用于定制化程度高和产品产量低的情况，如建筑、造船、医疗程序、定制裁剪和室内设计等。

（2）分批过程根据客户订单或产品规格，用于分组或分批生产少量产品，也被称为作业车间。其生产的每种产品的产量很小，可以进行定制化生产。面包店、教育课堂和打印店都存在相关的例子。大学课堂采用的就是分批过程。

（3）线过程用于大批量生产标准化产品。线过程也被称为流水车间、流水线或流水作业线。在线过程中，产品产量很大，很少有或没有定制化产品。典型的流水线有很多，如生产汽车、计算机、电视机、鞋、糖果块的流水线。

（4）连续过程用于大量生产完全标准化的产品。例如炼油厂、水处理厂和某些油漆加工厂。连续过程生产的产品通常是连续的，而不是像液体或气体这样的离散单元。连续过程通常只有一种投入和有限的产出。此外，这些设施通常是高度资本密集和自动化的。

需要注意的是，项目过程和分批过程的产品产量都很低，并提供定制化生产。二者的不同之处在于定制化产品的数量和定制化的程度。与分批过程相比，项目过程是间歇过程更为极端的情况。另外还需要注意的是，线过程和连续过程主要用于生产大量的标准化产品。类似地，连续过程是线过程更为极端的情况，具有更高的产量和产品标准化程度。

图 3-3 将这 4 种过程类型沿对角线排列，展示与产品产量和产品标准化程度相关的最佳过程战略。过程战略没有沿对角线延伸的公司可能没有做出最佳的过程决策。但是，请记住，并不是所有的过程都只适用于一个类别：公司可以同时使用分批过程和项目过程来获利。例如，分

批生产面包、蛋糕和点心的面包店也可以根据订单烘焙和装点蛋糕。如今的技术进步也创造了更多的加工选择。例如，许多公司正朝着大规模定制的方向发展，大规模定制不仅增加了产品种类，同时仍可以利用重复过程的优势。比如戴尔（Dell）和耐克（Nike），戴尔允许客户在线设计自己的计算机，耐克允许客户设计自己的鞋子款式。在这些情况下，客户可以在一系列选择项中进行选择，"设计"自己的产品。大规模定制过程运用先进技术，快速、低成本地定制产品。这些公司将标准组件储备在仓库中，然后按照客户需求的产品规格精确地配置产品。

运营过程类型

间歇过程和重复过程的特点见表 3-1。了解这些差异有助于企业更有效地运营管理，匹配整个供应链网络中的过程，了解过程的优势和劣势，确保过程流最优。如表 3-1 所示，几乎所有的运营管理决策都根据运营过程类型而变化。

表 3-1　比较间歇过程和重复过程

决策	间歇过程	重复过程
产品种类	多	少
产品标准化程度	低	高
产品生命周期	早期阶段	后期阶段
资源	以功能分类	流水线
关键资源类型	劳动密集	资本密集
设备类型	通用	专业
吞吐量时间	较长	较短
在制品库存	高	低

间歇过程的产品种类繁多，产品标准化程度低。这就意味着运营过程中需要具有通用性和柔性的资源，如机器、劳动力。重复过程的情况恰恰相反。重复过程的产品种类少，但产品标准化程度高。这意味着选择的设备和资源必须能够生产大量的标准化产品。人力资源决策也会随之变化。与重复过程相比，间歇过程倾向于雇佣具有更高工资等级的高技能劳动力。这是因为间歇过程需要工人的适应性更强，需要工人掌握更多的行业知识。此外，间歇过程的工人对产品拥有更多的自由裁量权，因为他们可能必须要定制化生产产品。相比之下，重复过程通常雇佣技能水平相对较低、工作自由裁量权相对较低、工资水平相对较低的传统流水线工人。

需要注意的是，这两个过程的其他运营决策也有所不同。二者的吞吐量时间和库存持有量不同。这意味着间歇过程比重复过程的客户到期日更长，最显而易见的原因是，间歇过程的定制化生产需要更多的时间。此外，更多的库存会导致更高的库存持有成本，因为这可能需要更多的存储空间。

这也意味着，这两种运营过程的竞争优先权很可能不同，导致其整个结构和基础设施也不同。采用重复过程的公司以标准化形式进行大批量生产，因此其通常基于成本竞争。而采用间歇过程的公司则相反，通常在质量或客户服务方面展开竞争，因为其能够为大量客户定制和创造许多不同的产品。间歇过程也因为大小和规模具有更高的柔性。但是，间歇过程在成本上的竞争力通常较低。间歇过程的成本竞争力确实比不上重复过程的成本竞争力，重复过程采用大批量和标准化生产，因而具有成本优势。

另一个受影响的因素是公司可以引进的产品类型。请注意，间歇过程用于在产品生命周期的早期阶段生产产品，而重复过程用于在产品生命周期的后期阶段生产产品。产品在生命周期的早期阶段还不成熟，市场确定性也较低，在此阶段采用间歇过程是比较合适的，因为其使公司能够定制和改进产品。重复过程通常需要具备大型设施，以便在产品生命周期的成熟阶段能够大量生产高度标准化的、更为典型的产品。由于产品逐渐成熟，市场也变得更加确定，这时产品通常是在重复过程中生产的。

设施布局战略

产品和过程决策直接影响生产产品所需的组织资源。尤其受影响的一个方面是设施布局，即设施内所有资源的物理布局。这是在第2章中讨论的资源计划的一个方面。我们需要在布局中涵盖归属于运营的所有资源：工作中心、机器、整个办公室，或者办公桌的位置。设施布局计划发生在资源安排发生变化的任何时候，变化可能是重新设计生产新产品的运营计划，也可能是改变正在使用的资源，例如新加入一位工人、移动机器或修改过程。在设计和制造新设施时，这是一个非常关键的问题。

设施布局对绩效，特别是生产成本、时间和柔性产生显著影响。出乎大多数人的意料，糟糕的设施布局是导致效率低下和生产成本增加的最重要的因素之一。因此，管理人员会花费大量精力来确保高效的设施布局和业务流程。

过程设计类型会影响运营的物理布局，包括设备、员工、库存和移动通道的布局。不同的布局有助于生产不同类型的产品，将产品设计与适当的布局相匹配是非常重要的。布局策略可以分为4种：固定位置布局、过程布局、产品布局和单元布局。以下是这4种布局的详细内容。

固定位置布局

固定位置布局用于生产在生产过程中不能移动的产品，这类产品通常因尺寸太大而不能移动。固定位置布局通常用于生产大型产品，如住宅、建筑物、桥梁、大型船舶、飞机和航天器。固定位置布局对供应链的最大挑战是，所有的资源需要在正确的时间以正确的顺序聚集在产品所在的位置。例如，施工过程必须按照顺序执行不同的任务，如安装电线、管道、石膏板和地板。每种产品都有不同的时间和顺序要求。由于产品的固定特性，布局问题成为对不同任务进行时间和顺序的排定问题。

过程布局

过程布局适用于以低产量生产许多不同类型产品的情况，与间歇过程类似。过程布局的产品具有不同的处理需求，几乎不可能成立专门的部门来适应每个需求。因此，按照过程将资源分组，称其为"过程"布局。过程布局的产品根据需求在组间流转。例如，成立功能分组的医院，如产科、药房、实验室和X射线室。病人可根据需要在科室之间流转。食品杂货店也是一个例子，根据用途将食品分类，包括乳制品、肉类、面包、罐头食品和农产品。零售商也使用过程布局，包括鞋类、童装、化妆品和珠宝。图3-4展示了一个小餐馆的过程布局。

大厅	卫生间和衣帽间	储物室和冷藏室
餐厅1	餐厅2	厨房和准备区

图3-4　小餐馆过程布局示例

在过程布局中，每个产品或客户在运营过程中都走不同的路线。这种布局方式也存在一些缺点。首先，由于产品必须从一个部门转移到另一个部门，物料搬运成本很高。其次，由于产品或客户在不同部门等待处理，处理次数和在产品库存往往较高。最后，设备从处理一种产品切换到处理另一种产品也会浪费时间。

采用过程布局的生产线具有生产多种产品的能力。然而，安排、计划和控制作业是非常困难的。如果设计不当，这些布局很容易使生产效率变低。设计过程布局的目标是安排好各个部门，以最小化搬运物料和人员移动的时间和成本。

产品布局

产品布局按照顺序排列资源，以实现产品的高效生产。产品布局最适合用于大量生产一个或几个类似产品。汽车流水线、自动洗车机和自助餐桌就是最好的例子。流水线上的每个产品几乎都是一样的。产品布局能最大限度地减少处理次数，并简化计划、安排和控制。产品布局的流水线示例如图3-5所示。示例中有4台机器。原材料依次进入每台机器，然后生产产成品，并储存在仓库中。每个工作站都可能有一名工人。产品布局的诀窍之一是，流水线运转时，每台机器和每位操作员都有足够的时间来完成任务。正如接下来要讨论的，流水线速度是产品布局的一个重要因素。

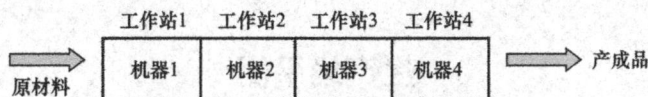

图 3-5 产品布局的流水线示例

采用产品布局的生产线的工作效率非常高，能最大限度地降低生产大量产品的成本。然而，产品布局也有一些劣势。首先，产品布局缺乏过程布局所具有的柔性，不能生产不同种类的产品。产品布局的设计是为了适应一个或几个标准化产品，无法定制或更改。因此，需要确切地了解客户所需的产品规格和客户要求。其次，由于工作站之间依赖度高，单个工作站工作中断会导致整个流水线停止生产。因此，设备质量和物料质量都极为重要。如果不能立即发现流水线某处错误，那么错误会蔓延到整个生产过程。与产品布局设计的中断效应一样，供应商的产品质量问题或延迟发货同样也会蔓延到整个供应链。

单元布局

单元布局试图将产品布局的效率和重复性与过程布局的柔性相结合。单元布局基于相似的处理特征对项目进行分组，排列工作站，形成许多被称为工作单元的小型流水线。然后，使用产品布局原则安排每个工作单元内的工作站。设计单元布局的第一步是使用成组技术来识别具有类似处理要求的产品，我们将其称为产品系列。这些产品系列可能具有相似的形状、尺寸、工艺流程或需求。然后，每个工作单元可以专用于创建一个产品系列。这种类型的布局有时被称为成组技术，因为技术被分组并专用于一个产品系列。

生产线平衡

根据产品布局按照顺序排列资源，以便尽可能高效地生产产品。产品布局适用于大量生产标准化产品，且生产过程具有重复性。在产品布局中，物料持续流转，统一经历一系列作业操作，直到作业完成。这是最常见的生产过程，也是我们在流水线上看到的情景。这些类型的布局有几个共同的特点，我们需要在管理布局的时候将这些特点考虑进去。

再看一下图3-5，所有工作站同时在工作。当物料进入生产过程时，物料依次经过4台机器。然而，在任何一个时刻，所有机器同时在运行。这不同于让一台机器从头到尾完成所有的工作。这种类型的过程允许大量生产产品，但也会在运营方面带来一些挑战。

产品布局的设计目标是确定每个工作站要执行的任务顺序。产品布局设计必须决定每台机器和每位工人在每个工作站的工作是什么，以便高效地生产产品。为了实现这一点，需要考虑执行任务的逻辑顺序和执行每个任务所需的时间。此外，还需要考虑生产过程速度，生产过程速度规定每个工作站完成被分配到的任务的时间。整个过程被称为生产线平衡。事实上，这个过程比看上去更具挑战性。以下是在设计产品布局或执行生产线平衡过程时需要遵循的步骤。

步骤1：确定任务次数和优先关系

生产线平衡的第一步是确定生产产品时必须执行的任务、执行任务的时间以及执行任务的顺序。我们将执行任务的顺序称为优先关系。在决定每个工作站需要做什么任务之前，必须确定任务的完成顺序。例如，如果生产线要装配防风窗，那么可能需要先装配窗框，然后再放入玻璃。类似地，如果你正在制作比萨，你不能在放酱料和奶酪之前先放上意大利香肠。虽然这是一个简单的例子，但可以说明我们必须考虑生产线的任务顺序。

步骤 2：确定周期时间

回想一下，在生产线上生产的产品以连续的方式流转。这意味着每个工作站完成分配的任务的时间是完全相同的。生产线上的每个工作站完成分配任务的最大时间量被称为周期时间或节拍时间。分配给每个工作站的实际作业时间不能超过周期时间。否则，工作站就没有足够的时间完成作业。这也是每个单元的生产频率。生产线流转得越快，生产线末端的单元的生产频率就越高。如果生产线加速，就会生产更多的单元。如果生产线减速，生产的单元就会减少。因此，周期时间与生产的单元数量具有直接关系。

周期时间的计算方法相对简单，以下是计算公式。

周期时间 = 每个工作站完成作业的最大时间量

周期时间 = 每天可用的生产时间 / 每天预计进行生产的单元数量

请注意，上述周期时间的单位是天，但也可以是小时或其他时间单位，只要时间单位是一致的。请记住，作业每天的连续运行时间是 8 小时，这意味着每天可用的生产时间为 480 分钟或 28,800 秒。

还需要考虑的是，周期时间不能短于每个工作站完成作业所需的时间。否则，特定工作站的工人或机器就没有足够的时间完成作业。因此，周期时间是有最短时间限制的。周期时间不能短于最长任务所需的完成时间。这也限制了在特定时间内生产线能生产的产品的数量。

步骤 3：向工作站分配任务

一旦确定需要完成的任务和周期时间，就可以为工作站分配任务了。请注意，分配任务时必须遵循设定的优先关系，确保任务顺序正确。例如，在制作比萨时，在比萨上放酱料之前，不能先放奶酪。为工作站分配任务时，需要遵循顺序。每个工作站完成任务的时间不能超出每个工作站的周期时间。

步骤 4：计算效率

一旦将任务分配给生产线上的工作站，就需要计算生产线的效率，以了解工作情况。生产线效率可以衡量资源的利用率，其计算方式为生产时间与可用作业时间相除。可用作业时间越接近生产时间，生产线效率就越接近 100%。然而，对于大多数生产线来说，生产线效率接近 100% 可能不是最佳战略。原因在于如果生产线全天不间断作业会导致产品质量变差、错误变多、停工更正错误的机会变少。在评估绩效时，需要考虑许多事情。这个例子告诉我们，一个指标只能代表拼图游戏中的一块拼图。

库存定位战略

运营战略最重要的一个方面是产品定制化程度，这被称为库存定位战略。这一战略直接关系到公司储存产成品的形式和订货交付周期的长短。这也关系到公司战略以及公司如何进行市场竞争。库存定位战略有3种。

（1）按订单生产。这是一种纯粹的定制战略。库存以原材料的形式进行保存。这种战略具有完全的柔性以满足客户订单需求。

（2）按库存生产。产品提前以标准化形式生产出来并存储入库。客户可以在成品中进行选择。

（3）按订单装配。该战略允许客户在不同的产品中进行选择，并允许客户定制产品。部分产品已经生产出来并存储入库，当接到客户的订单时再进行装配。这是介于前两种极端战略之间的一种战略。

在这些战略中，哪一个战略的柔性最大？第一个战略，即按订单生产。那么为什么不是所有的公司都采用这种战略呢？原因在于这种战略需要持有最多的库存，并且订货交付周期最长，响应客户的速度较慢。然而，按库存生产的风险最大。公司已完成生产，只能寄希望于公司对未来需求和产品特性的判断是正确的，否则会出现废弃产品的情况。

另外，请注意，库存的持有形式在这些战略中各不相同。这就是为什么将其称为库存定位战略。第一种战略以原材料的形式持有库存，第二种战略以组件的形式持有库存，最后一种战略以产成品的形式持有库存。这3种库存定位战略对应不同的客户服务需求、质量和成本，并且会直接关系到公司的总体战略。

接下来会更为详细地介绍这些战略。

按订单生产

竞争优先权为客户服务或质量的公司会使用按订单生产的战略。这种战略生产定制化产品或需求不多的产品，公司在接到订单之后生产符合客户要求的产品。按订单生产的战略交付周期最长，且产品数量较少。例如定制服装、定制住宅和定制专业服务。遵循这一战略的公司只有在收到确定的订单之后才生产最终产品。按订单生产的战略可以使库存水平保持在较低水平，可供选择的产品种类较多。在一家餐厅点一个特制的汉堡包也是按订单生产的例子。

图 3-6 中的库存是指在运营过程开始时的原材料，按订单生产战略的订货交付周期较长。

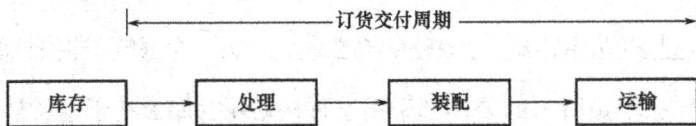

图 3-6　按订单生产战略的订货交付周期

按库存生产

按库存生产是通过预计需求来生产产成品以供立即销售或交付的战略。运用这种战略的公司生产大量的标准化产品。这种战略通常见于流水线类型的作业。这种战略的订货交付周期最短，但客户无法参与产品设计。对于大批量销售标准化产品的企业来说，这是很好的战略。生产系统的建立是为了大批量生产以降低制造成本，而库存中存有产成品意味着可以快速满足客户的需求。例如现成的零售服装、软饮料、标准汽车零部件或航空公司航班。麦当劳等快餐店的汉堡包肉饼就是按库存生产的。运用这种战略，客户可以获得较快的交付速度，但无法定制产品。

在按库存生产的战略下，库存以产成品的形式储存，订货交付周期短，如图 3-7 所示。需求预测对这种战略来说非常重要。低估需求意味着公司会缺货，错过销售时机；高估需求意味着过剩的库存要么以折扣价出售，要么丢弃。因此，能够正确地预测产品的特性和特征是至关重要的。请注意，按库存生产不能由客户定制产品。这意味着，使用这种战略的公司必须尽可能准确地预测客户的需求。

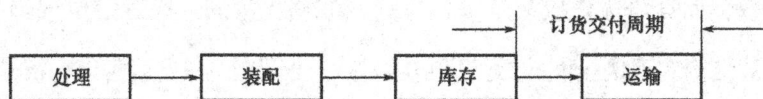

图 3-7 按库存生产战略的订货交付周期

按订单装配

按订单装配战略也称为订单式生产，是指产品已经完成了一部分并以通用形式保存，然后在接到订单时完成产品装配。这种战略是前两种战略的中间战略。根据提供给客户选择的产品种类，按订单装配，并允许一定程度的定制。

公司持有的库存是可以与客户需求相匹配的标准组件。按订单装配战略的订货交付周期比按库存生产战略要长，但产品可以定制，如图 3-8 所示。当最终产品有很多变化时，按订单装配是首选战略。与按订单生产战略相比，按订单装配战略可以使公司保有较低的产成品库存和较短的订货交付周期。例如计算机系统、可选择颜色的组装家具，或带有选项的度假套餐。

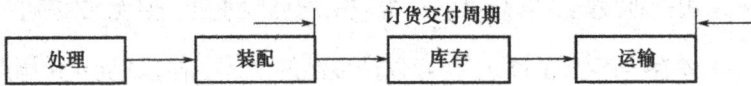

图 3-8　按订单装配战略的订货交付周期

比较库存定位战略

正如我们所讨论的，一个公司的库存定位战略直接关系到它的竞争优先权，而竞争优先权又是由总体商业战略决定的。库存定位战略是落实运营结构的范例。然而，运营结构存在一个问题，一旦运营结构被落实，就很难更改，因为它需要不同类型的资源。回想一下间歇过程和重复过程之间的区别。按库存生产的产品很可能产生于重复过程，重复过程代表了一种流水线类型。很难将按重复过程生产的产品转变到按订单生产的环境进行生产，因为这需要完全改变作业流程。

将公司的运营策略从一种类型转变为另一种类型可能是绩效优势的来源之一。从一个极端转变到另一个极端（例如从按订单生产转变为按库存生产）几乎是不可能的，或者是没有益处的。如果是这种情况，公司将需要完全改变供应的产品。然而，选取一个中间位置，比如从按库存生产战略转变为按订单装配战略，可能是一个不错的选择。从按库存生产战略转变为按订单装配战略有时可以改善客户服务，同时减少库存。原因在于，在按库存生产战略中，所有产成品都以库存形式存在。这可能会导致一类库存过多，而另一类库存不足。按订单装配战略可能会导致以通用的形式存储的库存的量相当低。当确定特定产品的需求后，就可以进行最终装配。事实上，从响应能力的角度来看，按订单装配战略可能是效率最高的战略。企业可以在配送中心生产和储存通用的产品，当接到各个市场的订单时，就可以根据需求定制产品和发货。这种战略提高了可用性，而且企业无须持有额外的库存。

　　然而，在某些行业，考虑到高昂的制造成本，除了按库存生产之外，可能极难采用其他战略。例如，大部分汽车制造商一直采用按库存生产的战略。虽然有些制造商已经转向按订单装配战略，尤其在欧洲高端汽车市场。但采用按订单装配战略会产生的问题是，最终产品的配置会有上万种不同的组合选项。要满足多种不同的产品的需求，企业在订货交付周期方面就很难保持竞争力。实现这一目标的唯一途径是，让供应商以适时生产的方式完全融入制造过程。但是这样做的库存风险会很高。此外，改变制造过程（或称为"计划"）从而生产具有独特特征的产品的成本是极其高的。最简单的选择是保留有限的产品选择项，就像大多数汽车制造商所做的那样。否则，制造成本将高得令人难以承受。

　　运营战略与任何战略一样，都是动态的决策，而不是静态的一次性决策。运营战略也与产品生命周期密切相关。在产品生命周期的早期阶段，产品需求不确定，关键产品属性仍然未知，因此公司最好采用按订单生产的战略。随着产品从生命周期的早期阶段转向成熟阶段，公司通常会从按订单生产战略转变为按订单装配战略，以减少库存，同时确保产品价格具有竞争力。处于生命周期成熟阶段的产品往往产生于按库存生产的制造过程。原因在于在产品生命周期的成熟阶段，产品的需求和数量都是可预测的。因此，运营战略需要随着产品的变化而变化，因为产品会随着不同生命周期的变化而变化。

外包战略

外包是指公司雇佣第三方或供应商来执行某些任务或活动，并支付一定的费用。公司可以外包日常工作，如外包校对法律文件或外包管理不重要的库存项目，也可以外包整个制造过程甚至整个供应链管理。外包是整个采购战略的一部分，是公司计划在内部完成的任务，包括生产产品和物料，而不是从外部购买这些物料或服务。公司做出这一决定的过程通常从下列行为开始：分析公司现有的能力和专长、确定公司真正的优势是什么，以及公司应该在内部的哪些领域利用其专长，尤其是那些有可能影响战略的专长。一方面，公司必须严格控制这些活动在内部进行，甚至将其做到更好。另一方面，外包的首选活动是那些可以由另一家公司执行的战略重要性较低的活动。任何其他不属于这些极端范畴的活动都需要慎重考虑是否外包。因此，最初的决策必须在本质上具有全局战略性。

外包提供了一个重要的战略优势，因为它使公司能够快速响应需求的变化，使公司能够快速开发新产品或获得有竞争力的地位。原因是通过外包，一家公司可以利用另一家公司的能力和专业知识。外包提供了巨大的柔性，是当今市场的必然产物。因为如今的市场要求公司高度专业化，而每个公司不可能做好所有的事情。外包使公司能够专注于其核心竞争力，将所有不太重要的任务外包给能够更好地完成这些任务且收取费用更低的供应商。

需要指出的是，外包首先是一个战略决策。在过去，管理者认为外包只是简单地做一个决策，他们认为外包只是一个最便宜的选择。如今，管理者明白外包是一项战略决策。购买外部供应商的专业知识的价格可能很昂贵，但从长远和战略角度来看，外包可能更具有经济效益。在做出最终决定之前，企业需要充分考虑外包的相关风险。在任何时候，任务的控制权被交给另一方（如供应商）后，都有失去控制的风险。外包任务越重要，或在本质上越具有全局战略性，失去控制的风险就越大。

外包具有许多战略优势。第一，外包的一个主要优势是成本，因为第三方可能能够以更便宜的价格提供产品或服务。因为供应商生产某种产品或服务的生产系统已经达到了规模经济。第二，外包可以使公司通过已经具有领域影响力的外包合作伙伴将公司的产品扩展到新市场或地理区域。对许多公司来说，如果没有外包，可能无法通过这种方式扩大业务范围。第三，外包可能可以帮助企业在一夜之间获得最先进的技术，如果不通过外包，可能无法达到这种效果。事实上，对许多公司来说，在公司内部发展这些技术需要投入大量的资金，而且公司可能根本没有资源支撑这些投入。外包使得一家公司能够利用另一家公司的专长。

然而，外包也存在一些风险。一般来说，更复杂的采购活动会带来更大的利益，但也涉及更高的风险。在公司将更多责任移交给外部供应商之前，需要考虑若干风险因素。失去控制是公司需要考虑的一个风险。随着移交给供应商的任务范围不断扩大，公司对任务或职能的控制能力将不断降低。对小公司来说，这可能具有破坏性，因为内部过程难以不受影响。公司需要考虑的另一个风险是依赖性。当一家公司从事更为复杂的采购业务时，公司往往会调整自己的业务，使之与供应商的业务相匹配。这样的话公司可能会因供应商的规模经济优势而受益。在需要专门技术和设备以及需要对工作人员进行专门培训的情况下尤其如此。然而，这会造成公司有过度依赖供应商的风险。

正如你所看到的，外包并不总是正确的决定。在选择外部供应商之前，公司应始终明确其竞争优势的来源，不要将核心业务外包出去。有趣的是，许多公司并不将制造视为一个战略职能，选择将制造业务外包出去。

外包与垂直整合

垂直整合是指一个公司控制从原材料到产品交付的整个链条上的执行过程以控制供应链的策略。一家公司执行的过程数量越多，垂直整合程度就越高。垂直整合是一个战略决策，应该支持公司未来的发展方向。这就要求公司在供应链中拥有实体所有权，并针对这些数量多、多样化的过程做出管理决策。

在某些情况下，垂直整合是一个很好的战略选择。例如，投入的原材料数量大、种类少时，可以采用按库存生产战略。因为投入的原材料数量大、种类少，使得任务变得专业化、成本变得合理化。按库存生产的公司通常将成本作为竞争优先权。因为按库存生产更容易管理，使公司能够有精力管理成本。例如，一家生产罐装西红柿的公司拥有并控制大部分罐装生产过程，从西红柿农场到加工厂再到零售分销点。公司选择了垂直整合，以便更好地控制成本，提高产品质量。这是一个经过深思熟虑的战略，有利于公司发展。

然而，对于将投入转换为少量产品的专业化过程来说，垂直整合通常不是良好的战略决策。例如，对于作业车间来说，就不是一个好的选择。以巧克力制造商为例，它生产各种各样的巧克力、蛋糕、松饼和派。许多不同的原材料，如可可、牛奶、焦糖、面粉、糖、油、坚果、果冻和其他可能的填充料都来自不同的供应源。拥有这些供应源中的任何一个都不会给公司带来竞争优势，因为还有许多其他供应源。仅仅拥有一个供应源并不能带来收益，而想要拥有所有供应源又是极其困难的。在这种情况下，外包可能是更好的选择。然而，如果巧克力制造商将产品生产范围缩小，比如只生产牛奶巧克力，那么垂直整合可能是一个不错的选择。

外包与垂直整合是一种战略选择。一般情况下，对于重复作业来说，垂直整合通常是更好的战略决策。外包通常是车间作业更好的选择，例如，以定制化作为首要竞争优先权的企业可以选择按订单生产战略。

讨论题

（1）运营战略如何将西南航空、联邦快递等公司与竞争对手区分开来？运营战略是源于公司的商业战略吗？

（2）解释竞争优先权与成功的运营战略之间的关系。

（3）讨论组织如何分别针对4个最重要的竞争优先权（成本、质量、时间和柔性）设计运营战略。

（4）区分运营结构和运营基础设施。其如何相互协作？

（5）订单赢得要素和订单资格要素是否始终不变？为什么？

（6）详细说明间歇过程和重复过程之间的区别。如何对间歇过程和重复过程进行分类，以获得更详细的信息？

（7）阐述产品种类对间歇过程和重复过程的影响。

（8）每种设施布局战略的难点是什么？

（9）详细说明生产线平衡的步骤。

（10）库存定位战略共有3种。组织采用哪种战略储存已经部分生产的库存？这种战略的目的是什么？

（11）采用单一库存定位战略还是采用两种单一库存定位战略的中间战略比较好？为什么？

（12）产品生命周期在运营战略中扮演什么角色？

（13）明确外包可以提供给组织的战略优势。

（14）垂直整合在什么情况下是一种好的战略决策？

参考文献

Robert H. Hayes，Stephen C. Wheelwright. Link Manufacturing Process and Product Life Cycles [J]. *Harvard Business Review*, January-February, 1979, 133-140.

04

技术在运营管理中的作用

技术的作用

过去 10 年见证了技术能力前所未有的进步。我们都熟悉互联网，知道互联网如何改变了通信和贸易。然而，这只是技术的一种类型。事实上，信息技术使企业能够共享全球实时信息，缩短对客户的响应时间，提高过程质量，并以创新的方式设计产品。然而，这里讨论的许多其他技术也会影响运营，包括那些改变生产和处理产品的技术。

获取技术可以改进流程并保持最新标准。技术也可以作为一种竞争优势。例如，通过获取技术，公司可以提高质量，降低成本，改善产品。技术也可以提高生产速度。这可以为公司获得竞争优势，并有助于公司获得市场份额。然而，对技术的投资可能是昂贵的，而且会带来风险，例如高估技术带来的收益，或者由于新发明的快速出现导致技术过时的风险。

技术会对公司产生巨大的战略影响。例如，公司可以利用技术获得优势，超越竞争对手，无论是改进生产过程还是改善与客户的沟通。因此，技术已成为公司获得竞争优势的关键因素。事实上，研究表明投资新技术的公司往往比没有投资新技术的公司更能够改善财务状况。然而，公司投资什么技术不应是随意决定的，例如不应该盲目跟随最新的流行趋势或行业趋势。相反，正如在第 3 章中提到的，组织选择的技术需要支持组织的竞争优先权，如联邦快递和西南航空。此外，选择的技术还需要能够增强公司的竞争优先权，提高公司的竞争优势。

投资的技术需要能够支持公司选择的竞争优先权，而不仅仅是跟随最新的市场潮流。新技术的出现可能也需要公司重新考虑其战略。例如，当互联网出现时，人们普遍认为互联网将取代传统的商业模式。而事实并非如此。事实上，对于许多公司来说，互联网优化了传统的模式。海运、仓储、运输，甚至物理接触等活动仍然还是必需品。例如，沃尔格林（Walgreens）和 CVS 等连锁药店发现，虽然客户是通过互联网下单的，但是他们喜欢亲自到店里拿药。同样，航空公司发现，操作方便的网站可以增加其预订量。然而，成功运用互联网等技术需要公司将技术融合到战略当中。正如你所看到的，获得技术对于公司来说是非常重要的战略决策。运营管理者在决定购买技术时必须考量许多因素。

运营管理技术类型

运营管理技术可分为 3 个大类。他们的区别在于应用不同，但这 3 类技术领域对于运营管理者来说都很重要。第一类是产品技术，指公司开发的与新产品特点或特性有关的任何新技术。例如用于不粘锅的一种材料——聚四氟乙烯。聚四氟乙烯在 20 世纪 70 年代成为一种新兴技术，目前已被许多行业广泛应用。产品技术的其他例子包括 CD 和平板显示器。产品技术很重要，因为公司必须定期更新生产最新产品的过程。

第二种技术是加工技术，用于改进产品和服务创造过程的技术。加工技术的例子包括计算机辅助设计（Computer Aided Design，CAD）和计算机辅助制造（Computer Aided Manufacturing，CAM）。这些技术使用计算机辅助工程师设计和制造产品。另一个例子是新兴的 3D 打印技术。

加工技术对公司很重要，因为加工技术有助于企业更高效地完成任务。后文将会更多地介绍这些技术。

第三种技术是信息技术，它可以实现信息的通信、处理和存储。近年来，信息技术发展迅速，对企业产生了深远的影响。思考一下互联网给社会带来的变化，就知道信息技术的影响有多大。互联网使电子商务和虚拟市场成为可能，连接了买家和卖家。信息技术的另一个例子是企业资源计划。企业资源计划通过大型软件程序计划和协调整个企业的所有资源。企业资源计划系统使企业能够降低成本，提高响应速度，但增加了采购和实施成本。因此，就像投资任何技术一样，投资企业资源计划系统也是一个战略决策。

企业资源计划（ERP）

企业资源计划（Enterprise Resource Planning，ERP）是一个具有交叉功能的企业系统，由一整套支持企业内部基本业务流程的软件模块驱动。ERP 向公司提供其核心业务过程的综合实时视图，如生产、订单处理和库存管理，这些都是运营管理的关键要素。这些业务过程通过 ERP 应用程序和由数据库管理系统维护的通用数据库进一步联系在一起。然后，整个公司都可以访问该数据库，使公司所有人都能获取同样的数据。无论是哪个部门（制造、采购、销售、账务等）将数据输入 ERP 系统中，ERP 系统都会跟踪业务资源（如资金、原材料、生产能力）和已承诺的业务状态（如客户订单、采购订单、员工工资）。

ERP 促进组织内所有业务职能之间的信息流转，管理与外部利益相关者的关系。这些企业系统是复杂的软件包，具有向企业提供跨职能集成数据和流程的潜力。这些软件系统价格昂贵但功能强大，可以改变运营职能。企业系统软件行业是一个价值数十亿美元的行业，生产支持多种业务职能的组件。过去 10 年，IT 投资已成为美国企业资本支出的最大类别。虽然最初的 ERP 系统主要集中在大型企业，但已经向小型企业转移。这使得财务能力往往较弱的中小型企业也可以有机会使用 ERP 软件。

ERP 系统是重要的组织工具，因为它集成了各种组织系统，并使无差错交易和生产成为可能。然而，ERP 系统与传统的系统有着根本的不同。ERP 系统可以在各种计算机硬件系统和网络配置下运行，通常将数据库作为所有进程都可以访问的信息存储库。如果没有这种可以协调性能的软件，通常无法满足当今商业环境所需的组织响应能力和工作能力。

在 ERP 系统出现之前，公司依靠批处理系统。批处理系统是一种将数据存储一段时间直到数据准备好被处理的系统。这在计算机技术发展早期很有意义，但随着技术的进步，需要更新的方法。思爱普（SAP）公司的软件开发人员最早实现了一些批处理系统改进。他们创建了一个可以实时处理信息的软件，这意味着用户不必再等待批处理系统运行，而是可以在输入后立即更新信息。技术的进步成就了现代的 ERP 系统。

现代 ERP 系统基本上追求将公司的所有功能领域整合到一个数据库中。软件通常在客户端、服务器网络上执行核心企业活动，如采购、供应商和库存管理、工程管理和生产管理。软件由不同的软件模块组成，所有这些模块都连接在一起。ERP 软件的好处包括提高客户服务质量、提高业务过程效率、增强竞争优势。然而，值得注意的是，使用 ERP 软件也存在劣势，第一个劣势就是系统的实际成本。公司应该做一个详细的成本分析，看看使用一个新的系统是否能够带来不错的投资回报。如果预期收益达不到 30% ～ 50%，建议不要使用新系统，因为风险太大。如果公司决定使用 ERP 系统，公司应该谨慎地制订一个详细的、深思熟虑的计划来帮助降低风险。如果在分析阶段就对每件事情都进行计划和密切监控，那么可以通过 ERP 系统取得重大成就。接下来将介绍实施 ERP 的具体步骤以及企业在这一过程中会产生的成本。

ERP 的演化

最初的 ERP 系统侧重于不会直接影响客户和公众的自动化后台功能。这些早期的 ERP 系统解决了传统的运营管理问题，如物料短缺、生产力低下、库存问题、运营调度和质量问题。然而，随着技术的发展，ERP 系统很快加入了前台功能。互联网简化了组织与外部各方的沟通，更新的 ERP 系统将供应链的上游和下游与组织联系起来。下游包括客户关系管理（Customer Relationship Management，CRM）以及电子商务、电子政务、电信和电子金融等业务系统。上游包括供应商关系管理（Supplier Relationship Management，SRM），SRM 后来与系统的其他部分整合到了一起。

20 世纪 90 年代，ERP 系统经历了快速发展，21 世纪初出现的"千年虫"问题又加速了 ERP 系统的发展。许多公司借此机会用 ERP 系统取代了原有的系统。ERP II 发明于 21 世纪初，这是新一代的 ERP 系统。ERP II 是基于 Web 的软件，这些软件让员工和合作伙伴（如供应商和客户）能够实时访问 ERP 系统。ERP II 扩展了传统 ERP 的资源优化和交易流程。

ERP II 不仅管理采购和销售等功能，还利用管理资源中的信息帮助企业与其他企业实现合作。ERP II 比第一代 ERP 更灵活。ERP II 不局限于组织内的 ERP 系统功能，而是跨过了企业的"围墙"，与其他系统进行交互。ERP II 的另一个名称是企业应用套件（Enterprise Application Suite），表示它具有一整套软件的能力。

企业前期资源计划软件

在开发 ERP 软件之前，批处理系统是唯一的处理系统。这种类型的处理系统会一直累积或存储数据，直到准备好定期处理数据。如前文所述，这是一个烦琐的过程。例如，批处理的第一步需要收集来自业务事务（如销售订单和发票）的源文档。然后将这些数据分批记录在某种类型的输入介质（如磁盘或磁带）上。然后将这些事务在事务文件中按照与主文件顺序中的记录相同的顺序进行排序。然后处理事务数据并将其更新到主文件。事务数据包括客户发票、工资单和各种报告等文档。然后这些成批的事务数据会被定期传送到中央计算机进行处理。这称为远程作业输入（Remote Job Entry，RJE）。思考一下第 2 章中讨论的所有运营计划及其关系，你就能想象这有多麻烦，协调这些过程有多困难。

批处理的理念是将数据分组，然后定期处理数据。在计算机技术发展初期，人们广泛使用大型计算机，批处理是很有意义的。然而，这种处理方式除了烦琐之外，还有一些缺点。例如，主文件在计划处理过程中经常过期，生成的定期计划报告也会过期，导致员工需要等待批处理完成运行后，手动更新财务数据。更新财务数据的过程效率低下，因为无法立即获得信息，还会造成很多潜在的错误。这些效率低下的现象促进了早期 ERP 软件的开发，即实时处理软件。

实时处理软件

　　实时处理软件最早的发明者之一是 SAP。SAP 成立于 1972 年，当时是一家年轻的德国软件公司，也是第一家为客户开发实时处理软件的公司。实时处理意味着用户无须等待批处理运行，而是可以在输入后立即更新信息。SAP 开发的第一款软件专注于会计应用，旨在从技术上超越与替代批处理。实时处理软件不必按照输入数据、存储数据和处理数据的顺序进行处理，使直接与计算机通信成为可能。例如，用户可以在输入时检查财务会计数据的合理性，并立即获取数据。实时处理软件的主要好处是在生成事务数据时就可以处理数据和验证数据。实时处理软件可以在处理事务时更新数据库。此外，获取每个事务后仅需几秒，数据就可以使用。即时向各方提供数据已大幅度改变了运营速度。

　　实时处理软件的这些新的好处引发了商贸行业的大规模改变。许多其他软件开发者看到了技术进步的潜力，开发了自己的产品与 SAP 进行竞争。这些竞争促进了其他处理功能增强，从而改善了业务流程，这是 ERP 软件背后的理念。SAP 的软件先驱者认为，重要数据应该只在数据源收集一次，这些先驱者试图通过在他们研发的第一个软件包内自动化数据收集过程来改善这一业务流程。结果，SAP 在 ERP 软件行业一直处于领先地位。

ERP 系统的侧重点

　　回想一下，ERP 系统是一种管理信息系统，集成并自动化了与生

产产品或服务的公司的运营管理和分销方面相关的许多业务活动。不同
ERP 系统之间有很多不同之处，包括成本。一个关键的区别是，不同的
软件包会侧重不同行业的需求。ERP 系统侧重的最常见的 3 个需求是生产、
分销和财务。

一般来说，生产重点和分销重点之间存在着紧密的联系。ERP 系统
通常被具有明确生产源的公司使用。因此，ERP 系统主要侧重于生产，
也会提供强大的物流模块，但其专长是生产。例如，像波音或飞利浦这
样的生产公司可能会发现，其需要控制生产产品的资源，同时其分销公
司需要控制将被运输的资源。有关运输的信息通常是将生产公司与分销
公司联系在一起的一个关键因素。因此，ERP 系统在一个领域强大，通
常也会在另一个领域强大。

然而，第三种类型的 ERP 系统与前两种类型的 ERP 系统不同。ERP
供应商的生产重心和物流重心都集中在主要业务过程上。第三种类型的
ERP 系统不擅长生产，也不擅长物流，而是擅长财务。财务是物流和制
造交叉的领域，但它不是主要生产过程的一部分。专注于财务的 ERP 系
统对于服务更密集、制造需求更低的组织（如医疗保健公司）来说可能
更有帮助。

ERP 的好处

ERP 软件解决方案可以满足企业的大部分需求。ERP 以组织的过程
观为指导，在实现组织目标的同时，紧密整合企业的所有职能。ERP 软
件使公司能够在各个职能之间实现无缝的、准确的数据流，促进整合覆

盖公司所有职能领域的全部信息。ERP软件由相互连接在一起的不同软件模块组成，通常在客户端、服务器网络上执行核心企业活动，如采购、供应商和库存管理、工程和生产。ERP软件旨在提升客户服务质量，同时增强企业形象。这些系统对于在分散的地理位置上分散运营的制造商尤其有帮助，因为ERP系统能将运营与公共数据源连接在一起。

全面整合企业系统能改善组织职能。ERP软件使企业能够提供更好的客户服务，同时还能专注于供应链过程而不是业务职能的信息处理需求。ERP系统还可以作为专家系统获取专家组的知识。这可以使企业显著提高业务过程的效率。这些改善有助于企业提供新的基于知识的产品或服务。

促使公司使用ERP系统的重要原因是，ERP系统可以帮助企业提高客户响应能力、更好地跟踪库存和成本、更好地开发新产品和服务，并能增强企业进入新领域的能力。像ERP这样的技术解决方案有助于将公司推向下一个层次，因为它既能纵向整合组织——正如在计划层次中所讨论的，又能横向整合不同的功能。这使得公司具有竞争优势。竞争对手往往使用的是较为老旧的系统，这些系统难以维护，包含过时的硬件和软件。通过运用ERP系统，公司发现可以通过利用高科技软件的优势来获得竞争优势。此外，ERP系统改变了执行和开发数据的方式，ERP系统的用户也可以从中获得优势。用户经常发现，与仍在使用老旧系统的公司相比，ERP系统提高了他们的效率。ERP是生产过程的帮手，因为它使得人们不再需要纸质蓝图和其他手动共享信息的方法。生产管理者等用户只需要使用计算机就可以检索实时的产品和装配信息。

ERP系统的另一个优点是，其为预先打包好的应用程序。这些应用程序迫使公司使用一组经过验证的业务流程,这样就不需要在每次推出新产品或服务时都重新改造系统。用户可以专注于手头的业务,而 ERP 软件供应商则不断向用户提供新的技术和软件。这些预先打包的应用程序可以为公司带来巨大利益,但也可能由于其缺乏柔性而产生问题。在后文中将对此进行讨论。

大多数 ERP 系统允许用户根据需要打开和关闭功能,这使公司可以适应其业务变化。这些特点可以使公司不需要自己开发定制应用程序,从而节省宝贵的时间。ERP 还让更改产品设计或装配说明变得容易,人人都可以立即更新这些信息。这提高了生产精度,因为每个人都可以更新和更正信息。在 ERP 系统中,信息可以自由流转,同时可以帮助公司降低相关各方(如工程师、生产人员和供应商)之间共享信息的成本。该系统还可以跟踪所有生产阶段,生产管理者或其他高级管理人员可以查明生产系统中的瓶颈和故障在哪里。

ERP 的计划能力

回想一下在第 2 章和第 3 章中的讨论,在生产运营中,信息从组织的最高层次开始,驱动较低层次的决策。商业战略驱动较低层次的计划。然而,数据来源于机器、过程和工人。传感器、控制器和操作员收集数据。这些数据表明了工作是什么、如何工作、在哪工作、何时工作、为什么无法按时完成工作,并有助于查明问题所在。

ERP 的一个优点是,较高级别的计划能够查看较低级别的数据。正如在第 3 章中讨论的,MRP 系统等应用程序会获取数据并创建信息,将信息传递给供应链的计划人员、产品开发人员和高级管理人员。ERP 支持信息共享，信息共享的主要特点包括在第 2 章和第 3 章中讨论的计划层次。接下来介绍计划层次的步骤，讨论 ERP 如何促进计划发展。

战略商业计划

回想一下，组织的战略计划反映组织的愿景和战略，阐明和量化产品、市场、客户、相关收入、成本、利润目标，以及其他财务预测和高水平的资源需求和计划。公司的商业风险管理过程和策略旨在充分支持公司执行商业计划和战略。

战略商业计划会输入销售和运营计划，销售和运营计划会输入生产计划，并在需要时返回商业计划重新进行调整，而 ERP 促进了这一过程。在 ERP 中，战略计划通过销售和运营计划系统中的数字，展示一套更详细的分段计划，或展示产品、服务的预期订单报告。在 ERP 系统中，这些信息会在每个月进行正式审查和更新。在 ERP 系统中，当预测发生变化时，计划和预测直接从销售运营计划系统输入主生产计划系统。

生产计划

ERP 使生产计划目标依赖于销售计划和预测。该计划包括产品系列、生产组或产品层次，以支持公司的服务、成本、库存、运营、风险管理目标和战略。同时，资源需求计划会作为生产计划活动的一部分被实施，并使用产品系列的能力计划来确保计划实现。一旦生产计划被批准或接受，它就被用来帮助协调各种计划或主要功能，如销售和市场营销、工程、财务、供应链管理、制造和人力资源，从而可以抓住机会并能降低风险。生产计划会在每个月持续被审查和更新。ERP 使所有这些过程得以综合起来。

主生产计划

主生产计划是公司最终产品或服务的预期创造或购买计划。主生产计划通常是 ERP 系统的顶层计划，直接反映销售和运营计划系统中高级管理层制订的计划，以及生产计划。主生产计划综合客户的实际订单，提供详细的产品／项目预测、库存、管理策略和目标，有助于在制订计划时管理风险。高级管理层也使用主生产计划建立订单，利用可用资源承诺技术（可以确定可向客户承诺的确切金额）和粗能力规划。粗能力计划在主生产计划的开发和维护过程中实施。如果因为一些原因导致计划不可行，信息会被立即更新并发送到销售和运营计划系统。销售计划甚至商业计划可能都需要进行相应的调整。主生产计划通常采用假设情景和分析技术来模拟计划选择和影响。每周审批、评估和维护主生产计划，并在 ERP 系统中驱动物料需求和能力需求。

物料需求计划

回想一下，物料需求计划是一套使用物料清单、库存记录和主生产计划中的数据来计算阶段性物料需求的计划。想象一下手动或分批完成这项工作有多困难。这就是 ERP 的用武之地。ERP 系统使物料需求计划能够在需求日期与主生产计划不同步时，推荐发布订单、重新安排订单和取消订单。数据质量和完整性对于物料需求计划来说至关重要。如果物料需求计划无法满足或不符合已商定的计划或策略，系统便会通知主生产计划员，系统将审查更高层次的计划和进度，直到物料需求计划与主生产计划同步，这有助于降低风险。ERP 最初就源于这些类型的库存计算。

能力需求计划

此处涉及的能力需求计划比第 2 章讨论的粗能力计划更为详细。能力需求计划着眼于实现主生产计划的能力需求。物料需求计划系统中的未结订单和在产品订单会被输入能力需求计划系统中。利用零件工艺路线和时间标准将订单转换为工作中心、人员或机器的工作时间。能力需求计划中的工作时间由所需的时间段确定，数据完整性对于能力需求计划的正常运行非常重要。即使在制订主生产计划时实施了能力需求计划，能力需求计划也可能会反映工作中心在特定时间段内没有足够的能力，这时就需要对主生产计划进行调整。ERP 负责协调这些活动。

运营执行、控制和报告

前文讨论了计划过程的层次，但是没有讨论到的一个方面是日常运营的执行、控制和报告。对日常运营的执行、控制和报告被称为生产活动控制。也就是说，生产活动控制是指公司、工厂内生产项目物料需求计划的日常执行。物料需求计划系统识别生产项目或装配的工艺路线、工作中心、所需标准工时和订货交付周期。生产活动控制包括优先计划和工作安排。如果无法改进限制，则必须立即调整计划和调度系统，保持系统的完整性。如果公司采用精益和全面质量管理技术，则必须调整公司或工厂的计划来满足这些要求。

运营控制的另一个方面是财务活动控制。财务活动控制通常是指控制由计划和调度系统生成的一组报表。这些信息对于运营管理是非常宝贵的，因为其提供了成本的确切情况，特别是库存成本。这些报表提供活动信息，如预算、计划、成本核算以及风险测量和控制等活动的信息。系统还是创建总账、固定资产、应付账款、应收账款和工资单的关键接口。报表涵盖预计和实际库存余额、预计和实际生产成本、预计和实际采购订单数量和差额。财务活动控制系统有许多应用和用途，包括产品盈利能力分析、利润贡献分析，以及从产品线到产品线、按产品和按客户进行比较。数据质量和信息完整性完全取决于其他系统计划和时间表的有效性。必须保持这些数据是最新的，以帮助降低风险，确保实现公司的财务目标。

双层 ERP

双层 ERP 是指一次运行两个 ERP 系统——较大的 ERP 系统在公司一级，较小的 ERP 系统在工厂、部门或子公司一级。在全球组织结构中这是一种常见做法。出于各种原因，公司可能会选择运行双层 ERP。例如，双层 ERP 允许现有的 ERP 系统保持运行，降低了取代现有系统的相关成本，同时允许各个业务单元部署更符合其需要的 ERP 系统。

全球运营的组织也可以采用双层 ERP 模式，并且必须对多个国家特定位置的业务需求做出响应。双层 ERP 可以通过内部系统或基于云的 ERP 进行部署。双层 ERP 软件和硬件相当于使公司可以同时运行两个 ERP 系统：一个系统在公司级，一个系统在部门级或子公司级。例如，一个制造公司使用 ERP 系统来管理整个组织，该公司使用独立的全球或地区分销、生产或销售中心和服务提供商来支持主公司的客户。每个独立中心或子公司可能有自己的商业模式、工作流程和业务过程。

鉴于全球化已经成为现实，企业需不断评估如何优化企业的区域、部门、产品和制造战略，以支持战略目标，缩短上市时间，同时提高盈利能力和交付价值。有了双层 ERP，区域分销、生产或销售中心和服务提供商可以使用自己的 ERP 系统，继续基于自己的商业模式进行运营，不需要趋同于主公司的商业模式。因为这些子公司的工作流程和业务过程没有依附于主公司的工作流程和业务过程，其可以在多个位置响应本地业务需求。

影响企业采用双层 ERP 的因素有：制造业的全球化或新兴经济体的来源经济；在选择更适合子公司软件产品的基础上，子公司是否具有实施更快、成本更低的 ERP 的潜能；系统是否能负担数据必须在两个 ERP 系统之间传递时所需的任何额外工作。双层 ERP 使企业能够灵活地应对市场需求，在企业层面上调整 IT 系统。与整个组织使用一个 ERP 系统相比，双层 ERP 必然会使用更多的系统。

ERP 软件的不足

ERP 系统非常擅长处理日常正常运行的业务。然而，在危机情况下，使用 ERP 系统时确实也会遇到问题。在现实世界中，机器会发生故障，供应商会无法交货，客户会改变主意。在这些类型的危机情况下，ERP 软件往往缺乏应对能力。这些情况的大多数结果可能令人失望，管理者需要提前做好准备。在这种情况下，技术往往无法向用户提供支持。为了预防这些不足之处，用户仍然需要记住重要的指令，或者需要安装并行或备份的纸张系统，以知道在 ERP 系统的限制下实际发生了什么。

此外，用户应该意识到 ERP 实施过程中经常出现的问题。回想一下，ERP 软件供应商试图提供预先打包好的产品，为所有公司设计相同的软件。这是当前 ERP 软件的一个优势。然而，这种预先打包或通用的软件并不总能满足每个公司的需求。这引发了定制化问题。通常，公司的内部 IT 人员或外部咨询顾问必须设计或重新设计软件来满足公司的需求。实际上，这些实施和定制化问题已经成为公司自己的业务。据估计，修正这些问题的规划和咨询服务占据了 ERP 软件市场规模的很大一部分。

另一个不足之处是使用 ERP 系统的实际成本。ERP 系统并不便宜，企业在决定使用新的 ERP 系统时，应该考虑投资回报率。在预期投资回报率低于 30% ～ 50% 的情况下，不建议使用 ERP 系统。将这一点谨记在心。使用 ERP 系统时最容易被低估的 5 个要点如下。

（1）用户培训成本。培训使用 ERP 系统人员的时间和成本往往是惊人的。

（2）集成和测试成本。如果测试超出预期，成本往往超过预算。

（3）数据转换。从旧系统转换到新系统需要的时间可能比预期更长。

（4）数据分析。理解数据分析的工作往往被低估。

（5）过早地脱离咨询。公司想要独立运作的时间通常较早，那时可能还没有完全了解 ERP 系统。

因此，低估 ERP 实施成本是很常见的。公司需要了解这些情况会在哪些领域发生并做好准备。如果一开始没有密切关注计划实施时间或成本，低估了时间和成本这两个因素，则会对公司的成功产生负面影响。这可能会是公司成功路上的重大障碍。以下是成功实施 ERP 的一些关键点。

成功实施 ERP 的步骤

大幅度变革企业业务过程是一项风险投资，但如果变革成功，就可以提高效率。企业可以在市场上获得有价值的竞争优势，但如果不采取预防措施或没有制订有效的计划，就有可能失败。在实施 ERP 之前，企业首先要进行深入的业务过程再造研究。这项研究可以发现现有系统中的所有不足之处，可通过重建和重组公司内部的所有部门来最大限度地提高生产力。高级管理层应领导这项工作，并清楚地了解为什么要进行这项工作。这是这项工作中最重要的部分。如果管理层不热衷变革，实施 ERP 可能就不会成功。

高级管理层应该制订计划并设定公司的核心业务目标。管理层必须确定实施 ERP 是否能带来良好的投资回报，以及公司的资金是否可以满足需求。应进行详细的成本效益分析，确定实施的财务效益。公司一旦决定变革，就应该制订更为详细的实施计划。然后，公司需要确定核心项目团队并委任项目经理。项目经理拥有整个项目的所有权，确保团队能够完成所有任务。

项目经理还需要指定跨职能团队，该团队成员包括 IT 人员、商业用

户和外部咨询顾问，来专职完成实施工作。成功的公司能够认识到让 IT
人员和商业用户都加入实施团队的重要性，并且能够找到将他们从日常
工作中释放出来的方法，以便他们能够将所有时间都投入项目实施。商
业用户对于项目的成功至关重要，因为公司必须在这一过程中做出许多
商业决策。团队成员还包括需要频繁使用系统的运营和生产计划人员以
及采购经理。

团队应该仔细选择软件产品，因为项目实施通常困难重重。团队应
该选择经过验证的 ERP 产品，因为很少有供应商能够发布"无错误"版
本的产品。实施 ERP 可能是困难的，并且会减慢公司的发展速度，特别
是在公司无法区分系统"错误"和软件"特点"的早期阶段。此外，团
队应充分了解 ERP 软件供应商的执行方式和供应商确保软件及时发布的
能力。团队还应考虑合同中供应商提供的客户支持方案。团队和合作伙
伴应共同制订实施计划，计划一旦形成，团队可将其提交给管理委员会
进行批准。他们也可能会让员工焦点小组参与并提供反馈。计划一旦得
到高级经理的最终认可，就应该开始实施。

以下将讨论 ERP 的实施步骤。

步骤 1：技术需求确定

第一步是确定新系统的硬件需求和技术需求。确定公司的硬件需求
是非常重要的，因为 ERP 软件将公司的所有运营活动连接在一个系统
中。一个硬件或软件问题就可能会导致运营停止。由于软件的综合性高、
ERP 广泛使用系统资源，所以会存在许多潜在问题。典型的系统会吸纳
前沿技术。考虑到这一点，团队应该审查公司当前的系统，看看当前系

统需要进行哪些升级，以提供稳定且具有增长空间的技术环境。

步骤 2：软件安装

下一个步骤是软件的安装和配置。有人建议实施团队应该将软件实施视为阶段性项目。将软件实施视为单个项目通常会引发实施问题。如今，很少有公司采用所谓的"大爆炸"的实施方法，即一次性全部实施。相反，龙头企业会将实施过程划分为可测量的部分，绘制进度图，并在出现问题时处理问题。这种分段实施使得团队可以在项目过程中对收益、成本和风险有依据地做出决策。例如，公司通常分部门、分阶段实施 ERP。各个部门共同进入第一个阶段，然后以预定的方式进入各个阶段。

步骤 3：数据清洗

产品安装和配置完成后，团队必须进行修正并执行数据转换。在通常情况下，团队必须全面修正数据，以匹配 ERP 系统所需的过程修正。龙头企业会更新数据以确保数据的完整性，这个过程称为数据清洗。原来的记录会被更新，以确保信息正确无误。

在大多数情况下，公司文件中同一客户会有不同的客户名称，同一个客户可能会产生多条记录。如前文所述，公司实际的数据清洗时间通常比最初计划的时间要长，这可能会延长实施时间。

步骤 4：测试

数据一旦被清洗，就被输入新的系统中。有人建议，即使是纯净数据，在转换过程中也可能需要一些修正。检查数据的最好方法是测试。公司通常使用实际完成的销售或采购订单来模拟测试，将系统置身于真实的测试场景。然后，公司会通过系统查看数据和记录是否正确，并进一步测试可能涉及的"假设"情况和危机情况，以确定是否需要修正或建议修正。

步骤 5：员工培训

除了测试系统外，培训使用系统的员工也非常重要。龙头企业会花费时间来培训员工。虽然大多数企业低估了培训所需的时间和成本，但专家建议，如果想要系统取得成功，就需要进行大量员工培训。员工需要学习新的软件界面，各级员工必须接受新的职责或不同的职责。这意味着变革，变革管理应该包含在培训中。项目预算的很大一部分通常用于培训。例如，公司可能会发现整个项目预算的 10%，甚至可能 15% 都用于培训。缺乏培训可能会导致严重的后果。想象一下，如果采购经理直接将错误的库存信息输入实时系统，你就知道后果有多么严重，实时系统中的任何错误都可能立即影响公司的财务信息。

步骤 6：试运行

一旦员工参加完培训，团队就应该试运行 ERP 系统，以获得管理委员会的最终批准。如果每件事情都已经得到批准，并且项目经理已经密切监控预算并能够确保项目按时完成，那么就应该开始实施最后的步骤。记住这一点很重要。如果项目经理不能将预算和时间控制在预定范围内，那么就无法享受 ERP 带来的好处。在整个计划中，通过奖励和纪律来强化责任是非常重要的。实施团队必须知道时间对成功也至关重要。如前文所述，最终实施应该分阶段进行，每个阶段都应该进行事后审计和审查。这可以确保在上线阶段或生产运行中不会出现重大问题。知道这些步骤后，许多公司会冒风险实施 ERP，因为如果公司能够正确地按规定完成，其可以获得投资回报。

其他信息技术

除了前面提到的供应链企业级技术之外，还有许多可用的软件可实现执行目标。

全球定位系统

ERP 对于运营经理来说是一项重要的信息技术，但还有其他重要的技术。其中一种信息技术是无线技术——使用卫星传输来传送精确的地理位置，这就是全球定位系统（GPS）。GPS 是一种天基卫星导航系统，在所有天气条件下，在拥有 4 颗或 4 颗以上无视线遮挡的 GPS 卫星时，地球上或地球周围的任何地方，GPS 都可以提供位置信息和时间信息。任何拥有 GPS 接收器的人都可以自由使用 GPS。

如今，GPS 支撑许多商业应用和个人应用。大型卡车运输公司使用 GPS 技术确定车辆的准确位置。农民在驾驶拖拉机时使用 GPS 确定他们的确切位置，帮助他们在正确的土地上施肥。拥有手持电脑和智能手机的个人也可以使用 GPS，许多人使用 GPS 来定位自己所处的位置并规划到达目的地的路线。

GPS 甚至具有广告用途。例如，以评价电视节目而闻名的尼尔森媒体研究公司（Nielsen Media Research）正在使用 GPS 测试广告牌广告。该公司已经招募了一批具有显著人口统计特征的成年人，使用 GPS 监测他们每分每秒的活动。这些信息用于确定针对特定群体的特定广告牌的最佳位置。

无线射频识别

无线射频识别（RFID）是另一种有望显著改变商业运营的无线技术。RFID 使用装有微型无线电天线的存储芯片传输有关物体的数据流，这些天线可以连接到物体上。例如，RFID 可以用来识别任何产品的移动，显示丢失产品的位置，或者让一批产品"报告"其位置。在货架空了时，可以使用 RFID 发出补货信号，或者在库存数量低于某个数值的时候向供应商发出信号，提醒供产商是时候运送更多产品了。RFID 还可以用于服务环境，成为实现定位、跟踪人员和资产的创新应用。事实上，RFID 有可能成为可以实时识别和跟踪全世界数十亿个体的基础设施的支柱。

如今的 RFID 比以前的 RFID 成本更低、体积更小。因此，RFID 很容易被隐藏或合并到其他物体中。例如，2009 年，布里斯托大学的研究人员成功地将 RFID 微型应答器粘在活蚂蚁身上，以研究蚂蚁的行为。随着技术的进步，RFID 越来越小型化的趋势可能会持续下去。

各种各样的公司都在使用 RFID 技术来跟踪库存和管理运营。冰雪皇后（Dairy Queen）联合维渥特科技（ViVOtech）也开始在手机上使用 RFID，作为其新的忠诚度奖励计划的一部分。用户同意在自己的手机上接收 RFID 标签后，可以在手机上收到促销信息和优惠券，联合维渥特科技的专业近场通信设备可以读取这些优惠券信息。

类似地，7-11（7-Eleven）也一直与万事达（Master Card）合作，推出一种新的非接触支付系统。参加试用的用户可免费获得某款手机，激活后，该手机可被用作支持 RFID 的万事达信用卡，可在 7-11 全球连锁的任何一家连锁店使用。

另一个采用 RFID 的大公司是沃尔玛（Walmart）。多年来，沃尔玛一直为其仓库大量投资 RFID 标签。沃尔玛在达拉斯（Dallas）配送中心进行 RFID 试点测试后，于 2005 年 1 月投入使用 RFID。公司很快就收到了投资回报。例如，有 RFID 标签的缺货产品的补货速度是使用 RFID 标签前缺货产品的补货速度的 3 倍。沃尔玛还尝试在易腐物品上添加传感器标签。通过这种方式，沃尔玛可以跟踪一箱香蕉的运输时间和新鲜程度。

自动化的优势与劣势

重要的运营设计决策会涉及运营过程中自动化技术的运用。技术进步显著地改变了生产产品的方式。我们可以运用技术做很多工作，如使用机器人。机器人通过机械化提高处理速度，提供更高的准确性，可以更加安全地处理危险的或困难的任务。自动化也降低了人类参与和决策的必要性。思考一下像 UPS 这样的公司，每天按不同的目的地为数百万个包裹分类。UPS 是通过完全自动化的流程，使用条形码和读卡器来高效、准确地为包裹分类。在第 3 章中讨论的重复生产线过程便非常依赖自动化技术。自动化可以重复运行，如应用于需要分拣和排序的任务，且不会造成工人疲劳。自动化可以提高过程的一致性和准确性。自动化还可以将机器人用于处理危险任务，如焊接。

设计过程的一个重要决策是，公司是否应该使用自动化技术，应该在多大程度上使用什么类型的自动化技术。自动化不必贯穿整个过程。它可以是使用机械装置，使作业能够在没有任何人操作的情况下进行；也可以是使用一台机器。虽然自动化有巨大的优势，但也存在劣势。公司在做出运用自动化变革运营的最终决策之前，需要仔细考虑这些因素。

自动化具有保持产品和性能的一致性的优势以及高效生产大量产品的能力。使用自动化设备，当天生产的最后一个零件将与第一个零件完全相同。因为自动化可以保持产品和性能的一致性，所以产品的质量往往更高，更容易监控。自动化设备可以一天不间断生产，不需要休息时间，也没有疲劳因素。

然而，自动化确实有其缺点。首先，自动化设备通常非常昂贵。只有当公司生产量很大时，自动化设备的成本才是合理的。其次，自动化设备通常不能灵活地适应产品和过程变化。因此，自动化技术可能对于处于生命周期早期阶段的产品或生命周期较短的产品没有好处。自动化技术需要被视为另一个资本投资项目。财务回报至关重要。出于这些原因，与重复作业相比，间歇作业通常较少使用自动化设备。

自动化物料搬运

过去，产品的主要移动方式为通过皮带或链条传送。如今的物料搬运设备可以读取条形码，告诉设备物料要去哪个位置、哪些可以在多个方向移动。其中一种设备是自动引导车（Automated Guided Vehicle，AGV），这是一种电池驱动的小型卡车，可将物料从一个位置移动到另一个位置。自动引导车不是由人来操作的，它可以从车载或中央计算机上获取方向。随着技术的不断发展，自动引导车也变得越来越先进。旧型号自动引导车跟随安装在地板下的电缆，而新型号的自动引导车跟随光路，可以去到任何有通道的地方，甚至可以避开堆积如山的库存产品。与传统的传送带相比，自动引导车最大的优势之一是它几乎可以去到任何地方。管理者可以使用自动引导车将物料搬运到任何有需要的地方。

另一种类型的自动化物料搬运系统是自动化存储和检索系统（Automated Storage and Retrieval System，AS & RS），这个系统基本上是自动化仓库。自动化存储和检索系统使用自动引导车搬运物料，也使用计算机控制轨道和存储箱。存储箱通常可以像旋转木马一样旋转，以便所需的存储箱可用于存储或检索。所有这些都是由一台计算机控制的，该计算机可以跟踪物料的确切位置和数量，并控制特定区域的存储或检索数量。与传统仓库相比，自动化存储和检索系统具有很大的优势。虽然其运营成本要高得多，但效率和准确性也高得多。

柔性制造系统

柔性制造系统（Flexible Manufacturing System，FMS）是一种将间歇作业的柔性与重复作业的效率相结合的自动化系统。从定义上可以看出，这是一个由自动化机器组成的系统，而不仅仅是一台机器。柔性制造系统由计算机控制的成组机器或机器人，用于移动、装载和卸载的自动化装卸设备以及计算机控制中心组成。

基于计算机控制中心的指令，零件和物料被自动搬运到合适的机器或机器人上。机器执行它们的任务，然后零件被搬运到下一组机器上，零件在那里被自动装载和卸载。每个产品所采取的路线是通过最大化作业效率来确定的。此外，柔性制造系统"知道"机器什么时候会因为维护而停止作业，或者机器上是否有积压的作业，它会自动将物料输送到可用的机器上。

柔性制造系统可以处理的产品种类仍然相当有限，通常只能生产同一个系列的类似产品。出于这个原因，加上柔性制造系统的高成本，其应用并不是十分广泛。对于公司是否使用柔性制造系统，需要从长远性和战略性角度考虑，这个系统需要大量的资金支出。

机器人

技术进步显著地改变了实际生产产品的方式。我们可以运用技术完成大部分工作，其中运用机器人技术就是一个很好的例子。制造业中的机器人通常采用一个带有电源的机械臂和控制机械臂运动的计算机控制机制。机械臂可用于许多任务，如喷漆、焊接、装配和机器装卸。机器人通过机械化提高了处理速度，提供了更高的准确性，可以更加安全地处理危险任务和困难任务。机器人可以有效处理会对人类造成身体伤害的工作，如含有放射性或有毒物质的工作。此外，机器人可以一天 24 小时工作，可以生产出高度一致的产品。

机器人的复杂程度各不相同。有些机器人相当简单，遵循一系列重复的指令。有些机器人遵循复杂的指令，有些机器人可以识别物体，甚至做出简单的决策。一种类似于简单机器人的自动化设备是数控机床。数控机床由计算机控制，可以执行各种任务，如钻孔、镗孔或车削不同尺寸和形状的零件。未来的工厂很可能由许多机器人和数控机床组成，协同工作。

在美国，使用机器人的公司并不是很普遍。然而，这是一个可以让公司获得竞争优势的领域。成本合理化不仅应该考虑降低劳动力成本，还应该考虑增强作业柔性和提高质量。机器人的成本变化范围很大，这取决于机器人的大小和能力。一般来说，公司最好考虑购买多种机器人或自动化设备，以分散维护成本和软件支持成本。此外，购买机器人等自动化设备的决策需要符合整个生产过程的长期战略决策。否则，公司可能会有一个 24 小时工作的机器人和不断堆积的库存，机器人还需要等待其他过程追赶它的进度。

计算机辅助

一些计算机应用软件也可用于协助或改善制造过程，其中最普遍的是计算机辅助设计和计算机集成制造。

计算机辅助设计

计算机辅助设计是利用计算机图形软件设计新产品的系统。手工绘制设计图的时代已经一去不复返了。如今，功能强大的计算机与图形软件相结合，使设计师能够在计算机上创建图形，然后对图形进行几何处理，以便从任何角度都能看懂图形。使用 CAD，设计者可以旋转对象，拆分对象后查看对象内部构造，还可以放大特定区域，查看局部细节。

CAD 还可以执行其他功能。CAD 可以进行工程设计计算、测试设计对压力的反应，评估物料的强度。这被称为计算机辅助工程（Computer Aided Engineering，CAE）。例如，设计师可以测试不同尺寸、公差和物料对不同条件（如粗暴搬运或高温）的反应，可以使用计算机来比较不同的设计方案，确定特定条件下的最佳设计方案。设计师还可以对设计进行成本分析，评估不同类型物料的优势。

CAD 的另一个优势是它可以与制造相结合。我们已经讨论了将产品设计与过程选择相结合的重要性。CAD 使这种集成变得容易。计算机辅助制造是通过计算机控制制造的过程。由于产品设计存储在计算机数据库中，所以可以很容易地模拟所需的设备和工具，确保所需设备和工具可以满足处理需求。CAD 可以计算各种机器选择不同方案的工作效率。

CAD 可以极大地提高设计过程的速度和柔性。设计可以在计算机屏幕上进行，并在需要时打印出来。组织的许多成员可以共享电子版本。电子版本也可以存档，与将来的版本进行比较。设计人员可以根据价值对特征进行分类。鉴于设计人员需要考虑产品未来的设计，他们可以从过去的设计中快速检索某些特性，并在当前开发的设计中测试这些特性。

此外，通过使用协同产品商务（Collaborative Product Commerce，CPC）软件，公司还可以与供应商共享设计。

计算机集成制造

计算机集成制造（Computer-Integrated Manufacturing，CIM）是描述使用集成计算机系统集成产品设计、过程计划和制造的系统。不同的CIM 系统在复杂性上有很大的差异。简单的系统可以将 CAD 与一些数控机床集成起来。此外，除了产品设计的其他领域外，一个复杂的系统还可能集成采购、调度、库存控制和分销等领域。

CIM 的关键要素是集成运营过程中的不同部分，实现更高的响应能力和柔性。CIM 的目的是提高公司在产品设计和可用性、质量和生产力方面对客户需求的响应速度，并提高整体效率。

新兴技术

在制造和服务运营领域，也出现了一些令人振奋的、新的技术发展。3D 打印、响应式设计和"小数据"技术等应用程序代表了希望扩大现有产业或开发新产品的企业在当前"通向未来的桥梁"。

3D 打印

许多新兴技术有望改变当前的运营管理模式。其中一项技术是 3D 打印。3D 打印，又称增材制造，是一种正在迅速改变制造业的新数字技术。

3D 打印是按照数字模型制作三维实体对象的过程。3D 打印是使用增材过程来实现的，在这个过程中，材料以不同的形状被一层层地连续叠加。3D 打印也被认为不同于传统的加工技术，传统的加工技术主要依靠切削或钻孔（减法加工）等方法处理材料。

材料打印机通常使用数字技术执行 3D 打印过程。这项技术本身并不新颖。第一台可以工作的 3D 打印机是查克·赫尔（Chuck Hull）在 1984 年发明的。自 21 世纪初以来，3D 打印机的销量取得了大幅增长，价格也大幅下降。3D 打印就像在家里或办公室里放了一台小型制造设备一样，这项技术将改变制造业，特别是能提高企业快速开发原型的能力。

虽然难以想象，但 3D 打印机确实是可以创造三维对象的设备。大多数 3D 打印机创造对象的材料是塑料。有些打印机会使用陶瓷、金属或其他材料。甚至还有 3D 打印机可以用巧克力或奶酪制作物品。3D 打印技术可用于原型制造和分布式制造，应用领域涉及建筑设计、工业设计、汽车、航空航天、军事、工程、医疗、生物技术（人体组织替代）、时装、鞋类、珠宝、眼镜、教育、地理信息系统、食品和许多其他领域。

3D 打印可以用于创造新产品的原型。它可以用于工业设计，甚至是小型制造。对于发明家和小企业制造商来说，开发产品原型可能是一个耗时费力又耗财的过程。3D 打印可以简化原型设计，允许创作者制作他们新设计的数字文件，然后将其打印出来。对于某些产品来说，这可能比手工制作原型更容易。3D 打印可能比到外面找设备生产原型便宜一些。在某些情况下，3D 打印机甚至可以用于制造生产过程本身。这无疑是一项有望改变传统制造业的新兴技术。

响应式网页设计

移动网页的兴起意味着越来越少的人通过计算机访问公司网站。这种移动性也意味着公司需要为各种各样的智能手机和平板电脑进行设计，每种手机和平板电脑都需要自己的应用程序和网页内容管理系统。

一种更好的解决方案是根据用户使用的设备调整设计。这被称为响应式网页设计（Responsive Web Design，RWD）。响应式网页设计是一种网页设计方法，其目标是制作网站，为用户提供最佳的浏览体验，用户只需在各种设备（手机、计算机等）上简单调整大小、平移和滚动即可轻松阅读和浏览。这一目标是非常重要的，因为它能够捕获和留住大量的客户群体。

使用响应式网页设计的网站通过使用流畅、符合比例的网格和灵活的图片让布局适应观看环境。灵活的图片也按照相对比例调整尺寸，防止图片在规定区域外显示。想想你在智能手机上浏览网站时，图片被截掉一部分的情况出现了多少次。想要竞争成功的组织承担不起这种后果。响应式网页设计使网页可以根据显示网站的设备特征自动进行调整，最常见的特征是浏览器界面宽度。将服务器端的组件与客户端的组件（如媒体查询）结合起来可以通过蜂窝网络快速加载网站，还可以提供更为丰富的功能，从而可以避免仅设备端解决方案的一些陷阱。

小数据

关于大数据的讨论有很多。随着大数据的出现，用户允许公司收集部分网络行为信息，以换取其他网站的免费服务和应用程序。这些数据以多种方式进行共享、出售和使用。

与大数据相比，小数据是指在一台设备上，尤其是高端笔记本电脑或服务器上，可以便捷存储和处理的数据。对于小数据来说，重要的是不懂数据的普通用户可以在自己的设备上处理的数据量，如笔记本电脑。一个关键点是，计算、存储和带宽的巨大进步对小数据的影响远大于对大数据的影响。这就是新功能的发展方向。

那么如何使用这项技术呢？例如，医生和患者可以访问服务提供商记录的关于他们的数据。医生可以使用这些数据引导患者订阅医院的应用程序。想象一下，一个应用程序可以帮助医生判断过去两周给病人调整的药物剂量是否比以前的剂量更有效；该应用程序可以通过自动分析患者运动、位置和词汇数据的数字轨迹，创建患者本月与上个月日常功能的对比图表。通过分析这个广泛但高度个性化的数据集，可以从每个人的数字行为中得出关于每个人的有力推论。小数据的使用方式很多，新的应用和技术将在这一领域迅速发展。

讨论题

（1）哪些技术对运营的影响最大？具体的影响是什么？

（2）定义企业资源计划（ERP）。ERP 系统可以提供什么价值？

（3）阐述 ERP 系统的历史，尤其是与现代 ERP 系统相关的历史。

（4）生产、分销和财务重点如何相互关联？哪些重点通常不集中在主要业务职能上？这是为什么？

（5）讨论 ERP 的好处。

（6）财务活动控制的关键结合点是什么？这个控制系统有什么

用途？

（7）为什么组织会选择同时运行两个 ERP 系统（双层 ERP）？

（8）解释预先打包软件会引发的 ERP 实施问题。

（9）实施ERP时，为什么将其作为阶段性项目对于组织来说很重要？

（10）阐述 GPS 和 RFID 的区别。为什么有的公司会选择 GPS 而不是 RFID？为什么有的公司会选择 RFID 而不是 GPS？

（11）阐述使用自动化技术的劣势。在什么情况下不适合将过程自动化？

（12）机器人技术为愿意投资这项技术的公司提供了什么优势？

（13）讨论新兴技术的相关潜力，如 3D 打印、响应式网页设计和小数据。

05

全球运营在现代市场中的作用

如今，所有组织都在全球环境中运营，受到全球贸易的影响。即使是最小型的企业也受到外国产品流入和贸易法规的影响。内布拉斯加州（Nebraska）林肯市（Lincoln）的一个小裁缝可能会采购中国的布料，南美洲的咖啡农夫会向全球咖啡制造商出售咖啡豆。如今，几乎没有一家企业可以丝毫不受全球贸易的影响。许多企业服务于多个全球市场，产品采购和生产跨越多个大洲。沃尔玛是世界上最大的零售商之一，在 15 个国家拥有 8,500 家分店，有 55 个不同的名称。其他跨国公司，如 IBM、通用电气、西门子和麦当劳也拥有类似的全球业务。企业在美国开发产品，在亚洲制造产品，然后在欧洲销售产品，这种情况并不少见。企业必须统筹客户和供应商之间的所有活动，包括运输和协调。

几个关键因素导致了全球化和国际贸易的快速发展。首先，不断发展的交通运输以前所未有的方式将全球各地连接起来。与之前相比，现在的交通运输比较便宜，也更方便，人和产品的全球流动变得非常常见。另一个因素是信息技术。信息技术使全球连通成为可能。在第 4 章中，介绍了 ERP 系统，展示了该软件如何实时地将企业横向和纵向连接起来；还介绍了无论组织在全球哪个位置，ERP 系统都可以无缝连接组织各层次，使管理全球计划、供应商、分销商和客户成为一项简单的任务。推动全球化的第三个因素是个人收入的急剧增长。这些因素结合在一起，创造了全球客户群，增强了购买能力，提高了企业与全球生产商和分销商的连接性。因此，生产商和分销商能通过运输手段将产品运输到哪个地方，哪个地方就有市场。所有这些力量创造了全球意识和企业基于产品需求迅速扩张市场的机会。

这种全球趋势在未来会持续下去。国际货币基金组织（International Moneytary Fund，IMF）宣布，2012年全球经济增长速度超过预期，预计未来将以每年5%的速度增长。目前，中国是全球增长最快的市场，印度紧随其后。近年来，大多数增长来自发展中国家市场，因此，运营高管们将这些市场作为未来的目标市场是有意义的。据麦肯锡（McKinsey & Co.）报告，亚洲GDP目前占全球GDP的40%，到2025年将占全球GDP的50%以上。然而，新兴市场崛起，马来西亚、新加坡、巴西等国的竞争更加激烈。所有这些都导致了全球格局不断变化、竞争加剧。

对消费者来说，这意味着可以以有竞争力的价格获得世界各地的各种产品。然而，对企业来说，这意味着各个层次的竞争压力会变得更大，这也意味着竞争性质的改变。开展全球业务的企业不仅需要应对进入其他国家市场的挑战，而且自己的市场还会向外国竞争对手开放。这就产生了多层次的竞争———种战略是应对新市场竞争，另一种战略是保卫本土市场。企业需要做好在这种新环境中竞争的准备。

原则上，进行全球贸易与国内贸易没有区别，因为两种贸易都需要协调供应链管理活动。但实际上，二者的主要区别在于，全球运营和供应链管理牵扯到企业在全球范围的精力，包括多样化和全球分散的市场、生产设施和供应商，而不只是关注本地。这就需要有精心规划、设计和管理的供应链网络。这会转化为高协作复杂性和高风险，企业需要平衡全球市场带来的机会和利益。以软饮料的全球产品分布的复杂性为例。在美国，软饮料放在仓储商店的货架上进行销售。在印度和东南亚，却不是这样，也不是所有的国家都使用自动售货机。此外，在美国，高端产品不希望通过"一元商店"来销售，而在法国，将产品在昂贵的精品店作为低价产品进行推销很容易获得成功。

由于必须考虑众多的环境因素，管理全球供应链是非常复杂的。这些因素可分为4类：经济、文化、政治和人口，如表5-1所示。经济因素涉及全球范围内的经济机会，如丰富的资源或廉价的劳动力。文化因素包括生产力和职业道德等问题。政治因素涉及影响全球运营的政治制度和稳定问题。最后，人口因素涉及特定地区的人口特征，如收入水平和人口增长特征。每一个因素都为企业走向全球带来机会和障碍，管理全球供应链必须认真考虑每一个因素。本地运营不能直接复制为全球运营，但许多企业都犯了这个错误。例如，沃尔玛几年前试图在德国开展业务时就失败了。企业必须充分了解当地文化。下一节将更详细地讨论这些挑战。

表 5-1　全球环境因素

经济因素	文化因素
自然资源	社会结构和社会动态
劳动力	职业道德和生产力
基础设施	性别角色
技术	惯例
资金	语言
政治因素	**人口因素**
不稳定性	人口增长
意识形态	年龄结构和健康状况
制度	城镇化
国际联系	个人平均收入

全球运营的好处及影响全球运营的因素

全球贸易对于企业的生存至关重要。企业可以通过全球贸易为其产品开拓一个相当大的市场和相当广泛的供应来源。这对企业发展有巨大的好处。如果不走向全球，企业将局限于本地生产的产品和服务。此外，跨国企业的利润通常高于国内同行，发展更快。全球化为开拓巨大和不断增长的市场、利用经济新趋势以及利用全球其他地区的创新技术提供了机会。全球化还使得利用其他地理区域的自然资源成为可能。

发展全球供应链网络使公司能够在特定区域实现生产和分销的规模经济。由于更接近各自的市场，公司可以迅速实施好的想法，针对本地特点进行营销。然而，如表 5-2 所示，走向全球化必须克服许多障碍。

表 5-2　全球化的机会与障碍

机会	障碍
大型市场	订货交付周期更长、种类更多
生产和分销的规模经济	政治风险和不稳定性
选择成本更低（如劳动力、市场营销、供应）	总成本（如交通运输、关税、空间）
定位市场的能力更强	基础设施可用性（如设施、交通运输和劳动力）
更快、更高效地利用好想法	汇率风险

全球规模的贸易或国际规模的贸易比国内贸易复杂得多。跨国运输，甚至跨大洲运输会增加许多成本，如关税，还会增加订货交付周期的时间和可变性。边境延误造成的时间成本、运输成本以及运输时间延长导致的库存成本都会增加。在世界不同地区开展业务也涉及运营成本。这

包括劳动生产力的差异、获得劳动技能的机会、获得交通运输和基础设施支持的机会以及获得可用技术的机会。从沃尔玛的案例中可以看出，企业往往忽视文化影响和文化传统，以及法律和政治差异。重大的风险包括政治不稳定和币值波动。所有这些跨越多个区域的因素结合起来，增加了全球贸易的复杂性。

全球环境极为活跃。为了赢得竞争，企业必须不断评估全球格局。企业必须不断发展新市场、预测竞争力、评估成本，并相应调整战略。企业必须在管理其全球供应链的整个过程中监控 6 个重要因素：市场和竞争、成本、基础设施可用性、技术、政治和经济环境，以及文化，如图 5-1 所示。尽管这些因素并不会在同一时间以同样的方式影响每一个行业，但每一个因素都是重要的考量因素。对于公司来说，不断评估这些因素并积极应对这些因素以获得竞争地位是很重要的。这些因素共同构成了管理全球供应链的概念框架。

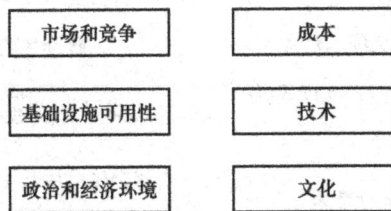

市场和竞争	成本
基础设施可用性	技术
政治和经济环境	文化

图 5-1　影响全球运营的因素

（1）市场和竞争。这些是涉及向全球营销和销售的因素，包括客户偏好和竞争，这些因素会对运营产生非常大的影响。在全球不同的地区，客户偏好和客户期望往往是独特的。无论是在价格、成本还是创新方面，企业都必须找到在各个市场上竞争的方法。然后，企业必须发展全球供应链，使这种竞争成为可能。例如，可口可乐根据不同的地理区域的口味偏好调整产品，从而取得了成功。

（2）成本。这通常是全球化企业最常提及的因素。通常，企业只考虑个别成本，如廉价的直接人工成本、营销成本，或者可能是本地供应商成本。然而，对于全球化企业来说，考虑总体经营成本而不只是一项成本是非常重要的。总体经营成本包括质量成本、差别生产力、设计成本，以及额外的物流和运输成本。许多企业在走向全球化和将业务外包给不发达国家时低估了这些成本。其结果是，许多企业正在回国发展。这被称为回流，后面将对此进行介绍。

（3）基础设施可用性。基础设施可用性使供应链网络的发展和运行成为可能。基础设施可用性包括道路和交通、设备和通信网络、分配系统以及熟练劳动力的可用性。发展全球供应链的公司常常对部分国家基础设施的欠缺感到惊讶。这通常是全球化最大的挑战之一。打入全球市场的能力取决于是否有全球设施、分销和供应网络来满足客户的需求。许多企业惊讶地发现，尽管一个地区可能拥有廉价的劳动力资源，但这些劳动力的技能水平非常低，甚至其本地区应该有的基本技能水平也非常低。同样，部分欠发达国家也经常缺乏道路和电力等基础设施，使运输和物流变得困难。

（4）技术。技术能大大缩短时间和距离，实现全球协作和通信。如果没有技术，全球供应链将无法运作。技术使制造创新成为可能，提高了产品构成的变换效率和服务于不同市场的能力。信息技术的贡献尤为突出，它使信息共享和协作能够在全球范围内进行。信息技术包括条形码技术、全球定位系统、电子数据交换技术和无线射频识别技术，这些技术都支持全球产品跟踪和通信。在第 3 章中已经介绍了这些技术，这些技术将全球业务连接起来。

（5）政治和经济环境。政治和经济环境包括政府监管、政治稳定、贸易协定建立和币值波动。思考一下欧洲部分国家通过的一项环境法规对供应链管理产生的影响，该法规规定制造商需要对客户退回产品的包装材料负责。正是由于这项法规，制造商的整个网络基于管理废弃包装回流进行设计。

（6）文化。这指全球特定地区认同的行为和规范，包括社会结构和认同的交流方式、职业道德、仪式和礼仪等。文化影响日常运营和生产力。例如，沃尔玛在进入德国市场时经历了一次重大的运营打击。沃尔玛试图应用其在美国市场的政策，然后发现了许多问题，最终不得不做出改变。例如，帮助顾客将产品放入袋中的政策也是不被德国人接受的。在德国，购物者不希望别人将他们购买的产品装入袋中。

全球运营的挑战

全球产品市场的潜在规模巨大，能促进公司发展，提高公司盈利能力，因此很多公司被全球市场吸引。然而，全球市场带来了许多挑战。挑战之一是确定全球不同地区的客户偏好。这个挑战尤其难以应对，因为全球的客户越来越想要定制化产品。这可能会导致产品种类繁多，无法交付。另一个挑战是如何调整市场营销战略以适应各种环境和客户行为。全球竞争需要对全球市场和竞争以及当地传统有深入的了解。外国市场在文化上各不相同，企业可能必须调整营销或促销战略来满足当地需求。

全球消费者

　　服务全球市场意味着要满足全球消费者的需求。近年来，全球消费者的需求已经发生了变化，更加强调个性化。世界各地的消费者对企业有着更高的期待，希望企业可以满足自己的个人需求和期望。这可能是定制化的服装或独特的服务期望。因此，企业正重新设计其运营和供应链，逐渐从标准化转向定制化。

　　全球客户的新面貌对业务产生了重大影响。因为这种新面貌使产品特点可能的组合数量激增。再加上如今客户对快速交货的期望，可能会为一家企业带来较大的压力。这意味着企业必须更快地将产品推向市场，以获得竞争优势。反过来，这意味着需要在设计阶段、生产阶段和分销阶段更快地流转产品。这通常需要使用精益系统来组织物流、运营和分销，将产品快速送给客户。同时，系统必须保持柔性，必须能够生产不同数量、不同类型的产品。这可能是一个运营挑战。

全球化营销法与本土化营销法

　　在制定全球战略时，企业可以使用两种不同的营销方法。方法选择会对运营产生重大影响。一种方法是全球化营销法，侧重于将标准化产品引入全球市场。另一种方法是强调细分和本地化差异的本土化营销法。这两种方法是相互对立的，但在制定全球战略时，这两种方法可以互补。根据每个产品和市场的具体需求，其中一种方法可能占据主导地位。

　　全球化营销法假定世界各地的消费者具有相同的需求，因此产品是标准化的。市场营销的作用是发现这些消费者和他们想要的产品特征。

可口可乐公司是采用全球化营销战略的很好案例。虽然可口可乐公司为全球市场生产了许多不同的饮料，但其主要产品仍保持不变。保持产品标准化为全球运营管理提供了许多优势，如统一分销、采购和包装。这也使得平衡供需变得更加容易。然而，产品标准化的一致性也为全球销售带来了挑战。在全球提供相同的产品和标准化的产品的要求下全球运营模式必须保持一致。这可能很难实现，因为不同地方的物流、采购和运营能力存在很大差异。为了保持产品的一致性，无论在什么地区，这些能力必须是统一、有效的。例如，如果一家企业想要提供快速可靠的零件分销服务并以此竞争，企业必须确保其有能力在所有地区提供相同的服务。

与全球化营销法不同，本土化营销法侧重于对客户和产品进行细分。随着全球客户对个性化的要求越来越高，本土化营销变得越来越重要。本土化营销法的重点是要审慎地细分市场，使市场能够呈现出更具国家或地区特色的特征，各地区也相对同质化。通过本土化营销法开展国际业务增加了全球系统的复杂性。基于市场细分，细分市场迅速增加。企业必须确保其有基础设施能够连接和服务世界各地细分市场的客户。

如果可能，最佳的方法是将全球化营销法和本土化营销法结合起来。可口可乐公司有效地做到了这一点。可口可乐公司在200多个国家销售3,300多种不同的产品。实现这一目标的一个战略是在产品设计中运用产品延迟战略。产品延迟战略是指在分销过程中尽可能长时间地以最通用的形式保存产品，然后再根据特定地点的产品需求和数量需求进行产品差异化。以饮料为例，可能是通过碳酸饱和度、果汁或甜味剂的添加量来差异化产品，从而创造不同口味的饮料。企业可以在快接近客户的环节再进行这种产品差异化。

文化挑战

　　文化是影响全球供应链管理的重要因素，因为文化对于沟通来说非常关键。思考一下不同文化的个体之间可接受的人际空间的差异，或写信称呼别人的礼节规范，就能知道文化有多么重要。有些文化重视及时性和单一任务重点，而有些文化则不重视这些方面。在亚洲，产品包装的重要性比西方高得多，因为大部分亚洲人认为产品包装在很大程度上反映了产品本身。所有这些差异都归因于文化不同，这对管理全球供应链产生重大影响。然而，文化是一个特别棘手的问题，因为文化往往很难被理解。这也包括语言交流和运用幽默的差异，造成无法将一种文化的语言直译成另一种文化的语言。此外，具体的文化规范可能难以捉摸，而且很难确定人们对这些文化规范的普遍接受程度。

全球基础设施设计

　　一个能够成功的全球化企业依靠的是其能够响应客户需求的物理设施网络。涉及开发和管理运营物理层面的决策被称为基础设施决策。这包括道路和运输的可用性，组织设施、熟练劳动力的可用性，运营和分销计划系统、物料质量和供应商的可用性。对于建立全球业务和供应链的企业来说，最大的挑战之一是某些国家基础设施的巨大差异。企业在这些国家开展业务时，往往忽略了这些国家基础设施资源方面的严重缺失，经常会遇到严峻挑战。

劳动力

能够获得低成本劳动力对于建立全球业务的企业来说是非常重要的。工程应用型人才就是一个很好的例子。是否能够雇佣到低成本、高质量的工程师是影响研发设施选址的一个重要因素。中国台湾是需要雇佣机电工程师的企业的主要地点，而印度是软件工程人才的主要来源。相比之下，美国工程师的数量只占全球工程师数量的 7%，这迫使许多美国企业将工厂设立在国外，设立在更接近能够大量供应低成本、高技能人才的地方。

能够雇佣到工资水平正常且训练有素的技术工人可以为企业提供重要的支撑。然而，企业想要获得成功往往还需要面对许多挑战。首先，各个国家劳动力之间的生产力通常存在显著差异。这包括工作速度、精度、质量，以及可接受的工作时间。公司不能简单地将一个地区的劳动生产力等同于另一个地区的劳动生产力。其次，劳动力的劳动技能和能力通常存在很大的差异。这可能会造成企业难以在全球不同地区装配类似的设施。由于劳动力缺乏劳动技能，企业可能需要改变生产过程，或可能无法使用某些技术。例如，由于难以找到足够的训练有素的机械师，一些国家在生产过程中越来越多地使用数控机床。其结果是人们越来越依赖这项技术而不是熟练工人。

交通运输

某些国家的道路和交通运输往往不发达。运输基础设施的这些弱点会增加订货交付周期的长度和易变性。这些国家的销售渠道可能很长且不可预测。在产品到达最终消费者手中之前，多次转手的情况并不少见。此外，使用不同的运输方式也可能导致运输时间的易变性。这会导致订货交付周期的不确定性和更高的分销成本。例如，在某国家，粮食短缺的主要原因是分销不当。该国有充足的粮食产量，但其困难在于把粮食分销到所有需要粮食的地方。

供应商

设计全球运营和供应链需要对供应商数量及其地理位置做出正确的分析。一般来说，管理少数供应商更容易一些，然而，由于会对少数供应商产生高度依赖，这可能会造成交付风险。如果突然需要超额的生产能力，少数供应商的灵活性也较低。最后，对于公司来说，管理全球那么多的供应商是令人望而生畏的。

若外国供应商的价格大幅下降，企业往往会被外国供应商吸引，而不考虑质量和交货等因素。从某些国家的供应商那里收到报价较低，但产品质量较差的情况并不少见。然而也存在缺乏可靠的供应商提供高质量产品的情况。这可能导致供应短缺和计划紊乱。这会造成整个供应链的不确定性增加，导致每个企业的库存水平都较高。此外，由于进口限制，全球供应链有时会遭遇某些进口原材料短缺的情况。令企业出乎意料的是，企业可能需要重新设计生产过程，以减少使用受限材料。

在创造解决供应问题的方法方面，企业变得富有创造力。例如，麦当劳第一次进入俄罗斯时遇到了严峻问题，因为麦当劳没有可靠的高质量的俄罗斯供应商。麦当劳最终意识到，它几乎必须控制供应链的所有方面，才能确保企业能正常运营。

技术的重要性

信息技术是打破企业与地区距离壁垒的工具。例如，互联网、条形码和无线射频识别技术提高了信息共享的速度和准确性。可靠与不间断的通信对于一家全球企业的运作来说至关重要。在第 4 章中介绍了信息技术的重要性以及信息技术对管理世界级企业的重要性。然而，我们通常认为获得技术是理所当然的事情。但一些地区甚至没有可靠的网络服务。这意味着供应与需求信息并不容易获得。这也意味着会对贸易企业之间的合作，特别是供应链成员之间的合作造成困难。在这种情况下，企业必须大量投资通信技术，并且必须在选址时将这项成本计入总成本。

除了信息技术，企业还需要制造技术，为大规模定制所必需的制造过程提供柔性。这使得企业可以服务多个市场。当今全球市场的特点是产品具有多样性，因为客户希望获得更高程度的定制化产品。此外，产品生命周期很短，需要更快速地引入产品。如果没有具有创新性的制造技术，企业就无法生产出在快速变化的全球市场中竞争所需的多样化的产品。

另一项重要的技术是用于将产品运输和分销到不同市场的设备技术。这些技术加快了分销过程，使分销过程更加可靠。设备技术加上可以增强通信的信息技术，使得企业能够将生产的多样化产品高效地运输到全球市场。

成本因素

企业往往被较低的劳动力成本吸引而开展全球业务，特别是在不发达国家或新兴市场。然而，尽管本地劳动力成本可能会显著降低，但企业必须考虑到在全球开展业务的总成本。通常，企业会发现总运营成本远远高于预期。这可能包括更高的运输和配送成本、设施和技术升级成本，以及空间成本、关税、税收和其他与海外业务相关的费用。接下来介绍这些费用。

隐性成本

20 世纪 80 年代，美国制造企业尤其青睐运用其他国家低成本劳动力的战略，以应对本国市场充斥着低价进口产品的局面。为了竞争，企业开始将产品制造外包给全球具有低成本劳动力的工厂。这种战略在计算机和手机等电子设备组装行业尤其受欢迎，在服装制造、零售行业也很受欢迎。

在产品生命周期短的情况下，例如手机型号的频繁变化，寻找低成本劳动力是合乎情理的。如果不使用低成本劳动力，可能就需要建立高成本的装配厂。而对于频繁变化型号的产品来说，建立装配厂的成本可能是不合理的。然而，在全球范围内追求低劳动力成本的战略往往也是一个糟糕的策略，原因如下。第一，许多企业不了解自身的成本结构，而且劳动力成本通常只占总成本的一小部分。第二，低成本劳动力的地点随着时间的推移而改变和转移，而改变和转移通常发生在设施到位之后。这会导致设施留置和产生比原计划更高的劳动力成本。第三，企业在走向全球化的过程中，往往会发现许多隐藏的、意想不到的成本。第四，除了成本之外，竞争优先权变得越来越重要，对于低技能劳动力和基础设施差的地区，以那些竞争优先权作为成功要素这些地区可能不是最佳选择。

企业经常高估劳动力成本。许多产品的生产成本通常还不到交付给最终客户价格的 1/4。例如，一个生产成本为 1 美元的产品通常以 4 美元的价格卖给最终客户。巨大的成本来自分销和配送。这意味着，对于企业来说，侧重于降低生产过程以外的成本（如配送和分销）更有意义。只考虑劳动力成本可能会对公司造成误导。我们将在后文更为详细地讨论这一问题。企业将全球制造带回本国的趋势正是由于这些原因。

由于缺乏熟练工人，全球运营可能还会产生意想不到的额外的培训费用。因为工作质量较差、生产力较低、工人缺乏质量认知等可能会导致高成本，运输和通信基础设施差也会导致订货交付周期延长和相关库存成本增加。

许多企业发现，外包给某些国家的隐性成本很难估计。此外，如果忽视企业管理层与当地工人之间的文化认同不一致，则很容易因人员流动、生产力和质量方面的失败而降低成本节约力度。

全球在途库存也会相当快地积聚隐性成本。运输路程越长，成本越高，尤其是需要跨越几个国家和多个大洲运输的情况。这是因为在途库存必须通过不同的国家、不同的运输方式和提供合适服务的不同公司。每一次转换都会增加一些成本，这是组织起初可能没有考虑到的成本。

在途库存经历的运输步骤越多，在途库存的风险也就越大。有时，组织减轻这种风险的唯一方法是生产和运输更多的库存，以尽量降低缺货的可能性。如果最初库存出货后没有到达最终目的地，组织需要承担该库存的成本损失以及销售收益损失。因此，组织有必要保持在途运输是"满的"，以防止这种情况的发生。这一战略最大的缺点是，生产额外的库存的成本可能会很高。

以三星及三星电视为例。三星总部位于韩国，但在美国家庭娱乐市场占有很大份额。三星可能会从韩国附近的中国订购零部件，在韩国组装电视，然后将产品运往美国。但是，考虑一下韩国到美国跨太平洋运输的订货交付周期，需要几天的库存才能保证在途运输流动起来，这就增加了开支。另外，想象一下，如果三星生产的足量电视库存只用来满足美国的需求，并且其中 10% 的货物在从韩国运往洛杉矶港口的途中受损，会发生什么。如果真是这样，三星将不得不承担库存成本损失和销售收益损失。虽然生产更多的库存以保持全球在途运输流动的成本是非常高的，但如果生产成本可以产生显著的经济效益，或者如果从长期来看，这种方法对打入目的地市场似乎特别有成效，那么在这种情况下投资也是值得的。

非成本因素

对于许多企业来说，其在产品市场上的订单赢得要素已经不仅是成本了，而是转向了其他因素，如质量、交付速度、产品设计和定制化。为了在这些方面展开竞争，企业需要高质量的劳动力、生产力、交通运输、电信和供应商基础设施。在确定设施位置时，考虑这些因素比单纯考虑劳动力成本更为重要。

在第 2 章中介绍过，促使人们意识到非成本因素的是全面质量管理的发展。全面质量管理关注的是质量的总成本，并从检查转向预防，而不仅仅是直接人工成本。企业知道，在生产前进行的活动，如产品设计和工人培训，对总成本有非常重要的影响。设计差、物料质量低劣、缺陷、废料和工艺低劣的成本都是可计量并加在总成本中的。对于基于质量竞争的公司来说，需要优先考虑熟练技术工人和高质量供应商。工人缺乏技能、交通和通信基础设施匮乏以及低质量供应，最终导致了实施全球供应链的高昂成本。这些因素也很容易导致生产力标准的退化。这些因素解释了为什么大多数美国企业选择在发达经济体进行海外制造投资（发达国家中超过 60% 的企业在发达经济体进行外包）。

回流趋势

回流一词是指企业将全球或"海外"业务带回国内。因此，这一术语意味着企业正在将业务带回国内。回流一词已经被广为宣传，与许多企业匆忙进入的全球业务相对应。

在最近发生的全球经济衰退和供应链多次中断之前，许多企业主要根据劳动力工资标准或采购价格来进行运营和采购决策。低成本国家不仅在低劳动力工资和低采购价格上具有吸引力，而且在低成本国家的制造工厂与其他制造工厂之间的差距非常大。因此，许多企业愿意忽略与全球运营相关的其他成本。然而，由于大多数企业主要对价格进行比较，并没有考虑海外生产的全部成本，这一战略可能没有其最初认为的那样有利可图。这种疏忽在企业中很常见，因为大多数企业不考虑全部运营成本。2009 年的一项调查发现，60% 的制造商忽略了 20% 或更多的离岸成本。同样，2010 年，在埃森哲（Accenture）全球咨询公司进行的一项调查中，61% 的受访者承认需要重视总拥有成本（Total Cost of Ownership，TCO）。下面介绍什么是总拥有成本以及公司如何计算总拥有成本。

前文已经介绍过企业倾向于追求低劳动力成本。然而，各个企业追求低劳动力成本的态度开始发生变化，而且一个明确的趋势是，许多全球业务重新回到国内。IDC 制造洞察（IDC Manufacturing Insight）的报告就呼吁企业重视总拥有成本，鼓励近岸外包和回流。越来越多的企业将总拥有成本作为确定最佳采购战略的工具。显然，离岸外包的相对成本和风险已经发生了变化，因此过去一些可以盈利的离岸外包业务现在回流之后仍可以盈利。一个重要的因素是，全球的商业状况都在迅速变化，因此关于低成本采购的一些长期公认的设想正在被废弃。

总拥有成本的重要性

如前文所述，评估全球采购或外包成本的一个更好的方法是估算总拥有成本，而不仅仅是看劳动力成本或采购价格。总拥有成本是采购价格加上与采购物料相关的所有其他成本。这包括交通运输、管理、跟进、催货、储存、检验和测试、保修、客户服务以及退货处理。这些额外环节的成本需要添加到销售价格或制造价格中，才能得到更准确的评估。当把这些项目添加到劳动力成本或采购成本时，企业经常会发现之前严重低估了总拥有成本。

为了确定总拥有成本，企业需要为与特定情况相关的每个因素分配一个值，然后累积计算来自特定供应商的产品的所有因素的成本值。然后对所有其他供应商或其他生产地点重复此过程。这样，就可以方便、客观地比较来自多个供应商（无论是本地供应商还是海外供应商）的同一产品的总拥有成本。

总拥有成本是一个重要的度量标准。包含在总拥有成本计算中的变量类型因具体情况而异，但以下按照类别分组的成本项目是非常有效的指南。我们从容易量化的现金成本开始，并向更加主观的衡量标准过渡。针对每种成本还有一些观察结果和建议，以比较本地和离岸采购的成本。接下来介绍这些成本。

销货成本或上岸成本

此成本包括价格、包装、关税和计划运费，如地面运输、手续费和保险。计算这些成本通常不是问题。这些数据应该很容易获得，特别是那些足够大或足够有价值的项目，这些项目通常包括各种成本。企业应该注意一定要囊括所有的费用，包括所有的运输费用。有时企业会忽视一些短距离费用，比如忽视了配送中心和零售地点之间的运输费用。这就会造成低估总拥有成本的结果。

其他"硬"成本

其他"硬"成本包括影响其他成本的因素，这些因素对现金流有直接影响，或者是能够预测并极有可能发生的影响。"硬"成本具体包括以下内容。

（1）在途产品的持有成本。是指持有库存或置存库存在一段时间内产生的成本。企业经常低估在途产品的持有成本。例如，企业通常按照不同的计划表向外国供应商和当地供应商付款，导致付款计划不同，从而导致成本的差异。中国供应商的货款普遍在发货前支付，通常是在收到货物前的 3～6 周。美国供应商的货款通常在发货日期后 2～3 个月支付，支付日期与收货日期基本一致。在采购离岸货源的情况下，客户的现金将被冻结 3～4 个月甚至更长。因此，计算在途产品的持有成本的合适方法是计算客户的资本成本。

（2）现场库存持有成本。另一个成本是现场的库存置存或持有成本。按照最简单的计算方式，安全库存量与订货交付周期的平方根成正比。订货交付周期越长，为预防不确定性因素而储备的安全库存量就越大，因此，持有成本也就越高。举例来说，假设在美国之外的国家采购的产品的订货交付周期是 9 个星期，而同一产品在本地的订货交付周期是 1 个星期。那么，他国制造的产品的安全库存量将是本地制造的产品的安全库存量的 3 倍。其结果是，二者库存持有成本的差异会非常大。此外，从海外经海洋运输的产品的现场库存量将大大高于从本地供应商采购产品的库存量。如果本地供应商是采用适时生产（Just-in-Time，JIT）的供应商，这种差异会进一步放大。因为海洋运输为尽量降低运输成本，通常以集装箱运送货物。如果产品每月运达一次，那么周期库存，即会立即投入使用的持有库存量，将是每月库存量的一半（最大运达库存量和月底耗尽时的零库存的平均值）。此外，企业必须保有额外的库存，以应对延迟到货、次品或运输过程中的损坏等问题。这些因素共同导致了额外的持有库存和更高的库存成本。此外，由于这些因素不会导致"直接"支出，其成本往往最终会成为公司的隐性成本。

（3）原型开发成本。全球制造或全球采购的企业通常希望在同一地点开发原型。然而，这可能会导致意想不到的开发成本。许多企业更喜欢在本地采购原型，这样工程师和营销组织就可以在产品开发过程中与供应商紧密合作。地理距离远可能不利于发展。此外，如果本地供应商同时收到了原型生产订单，那么其收取的原型开发费用通常较少。

（4）寿命终止或废弃库存成本。当产品达到其生命周期的成熟阶段时，通常会产生意外成本。当需求减少或产品被修改或替换时，企业最后往往会持有一些废弃库存。对于离岸货源，公司内部的库存量、在途库存量和已经订购但尚未交货的库存量都将高于本地货源的库存量。因此，离岸制造或采购的企业最后产生废弃库存的可能性更大。随着产品生命周期越来越短，尤其是创新型产品，这个问题会变得越来越重要。

（5）差旅成本。与启动制造或采购相关的差旅成本通常比企业预期的差旅成本要高得多。此外，许多企业不会提前计划审计、问题解决方案以及因此产生的差旅费。在运营中出现问题是很常见的情况。企业需要做好准备，安排员工迅速飞往目的地。然而，企业往往忽略了这些成本，而这些成本数额可能会非常庞大。例如，大多数企业每年会访问几次供应商。对于本地供应商来说，这可能需要几个小时或一两天的时间。而对于其他国家的供应商来说，每次出差可能需要一两个星期，可能需要花费 10,000 美元，包括时间费用和差旅费用。由于时区和语言差异，离岸货源的供应商也可能需要更多的面对面会议。大型企业有时会通过雇佣靠近离岸制造设施或供应源的联络人或审计员来处理相应事务。无论怎样，企业都需要将这项成本计算在总成本中。

潜在的风险相关成本

风险评估和成本评估是评估真实成本的重要环节。高频风险（如紧急空运、报废和返工）的成本可以根据过去与该地区制造商和供应商合作的经验进行计算。企业也需要评估新产品或新的潜在供应商。企业还必须考虑其他风险，尤其是那些会对业务产生重大影响的风险，即使这些风险发生的概率很低。企业估算成本时，还需要制订备份计划。下面将介绍几个相关风险。

（1）返工。如果单个产品或整个批次不合格，则产品必须返工。签署合同对于处理这类问题来说非常重要。例如，供应商是否会免费寄送替换品，或者当需要返工时，购买公司是否会产生成本？对于定制产品，如模具或冲模，这些成本可能非常高，因此企业应该在购买前协商这些问题。在地理距离较远的情况下，全球采购会引发额外的问题。

（2）低质量。许多拥有全球业务的公司发现，低劳动力成本往往意味着低质量。企业需要提前制定质量标准和要求，需要明确谁来承担费用、谁对废品负责等问题。当产品出现问题时，除了生产损失和保修相关的成本外，质量问题造成的损失也非常大，只是没有那么具体。例如，失去市场份额、永久损失客户的成本影响，或者对品牌形象的负面影响。这些通常是引起企业回流的原因。

（3）产品责任问题。由于全球各地的法律要求和责任法不同，产品责任问题通常会涉及离岸外包。起诉并要求一家外国公司赔偿损失可能很困难，但收账会更困难。相比之下，企业可以对本地供应商进行审计，核实其是否有充足的产品责任保险。如果想要进行全球采购，公司需要比较供应源的可获得性、意愿以及支付任何产品责任索赔的能力。

（4）知识产权风险。假冒产品或盗版产品正愈发成为全球运营和供应链需要面临的问题。一些产品，如软件、电影和时尚配饰，比其他产品在知识产权方面要面临更大的风险。药品是另一个必须仔细辨别的类别。企业应该将这些因素计算在成本中。

（5）机会成本。如果供应商无法对市场需求的数量变化或产品规格变化做出足够迅速的反应，那么企业需要评估因失去订单和客户而产生的成本。企业必须考虑的一个因素是产品原产国标签对品牌形象的影响。当国家经济持续不稳定、人们担心自己的工作之际，消费者可能会考虑购买本地制造的产品，以帮助拉动本国经济和邻国经济。比如产品掺假丑闻（如涉及宠物食品、药品、牛奶和石膏板的丑闻）也有利于促进消费者购买本地制造的产品。

（6）供应商的经济稳定性。获取地理位置遥远的供应商的经济和财务信息可能很困难。与海外供应商相比，调查和查找有关国内市场供应商稳定性的准确信息要容易得多，跟踪这些信息也容易得多。

（7）产品原产国的政治稳定性。许多企业低估了正确评估国家政治稳定性的重要性。当然，很难对已经陷入混乱的国家的稳定性进行评估。然而，要正确评估那些经济发展势头良好，但由于消费者预期和需求发生变化，其人口可能会不稳定的国家的难度要大得多。

（8）面临另一项经济损失的风险。如果另一项业务出现严重衰退，导致与离岸外包相关的库存和在订产品的数量过多，企业将面临敞口风险。现有库存、在途库存和在订库存过多很容易造成更多的经济损失。

战略成本

许多因素都属于战略成本。下面将以两个示例解释采购决策如何影响产品战略和价值。

（1）对创新的影响。许多企业经常地被敦促将其大部分制造业务外包到海外，以让自身专注于创新和市场营销。然而，将制造与工程分离有可能会降低企业及其国家的创新效率。例如，哈佛商学院（Harvard Business School）的迈克尔·波特（Michael Porter）曾论述过"集群化"创新的优势。"集群化"是指供应商、研究型大学、制造业和其他参与产品开发和生产的企业在地理位置上相互靠近。

（2）对产品差异化和大规模定制的影响。发达经济体的许多公司正在将重心从产品转向差异化产品。这些公司通常通过大规模定制来实现这一目标，生产少量符合市场特定需求的产品，但成本接近大规模生产。公司通过短而密集的供应链，其生产方式向大规模定制转变变得更加容易，成本也更低。

环境成本

这些成本包括与环境或"绿色"相关的费用。原则上，对于每一个产品源，企业都应该测量每个地点发电的"清洁度"、生产过程中的污染、运输作业的碳足迹、当地仓储的要求、如何处理废弃库存，以及其他影

161

响其供应链环境的活动。一旦对每个来源的"绿色"影响进行了量化，下一步就是测量该影响产生的实际成本。一种常见的衡量标准是每吨二氧化碳的生产成本。是否分配"绿色"成本、分配多少"绿色"成本无疑是企业的政策决策。

对于许多产品来说，同样的产品在劳动力成本较低的地区的价格几乎总是低于劳动力成本较高地区的价格。然而，在包含所有真实成本的情况下，真实偏好可能会有所不同。此外，在企业只关注价格和劳动力的情况下，企业会降低所有其他优先权的级别。然而，采用总拥有成本进行评估的企业通常会发现，在越接近最终客户的地方生产，其他成本越低。总拥有成本可以帮助公司了解全球采购和全球运营的全部成本影响。

当发现本地制造产品和海外制造产品的总拥有成本没有太大差异时，企业可以选择将更多精力放在产品差异化或品牌形象战略上。企业可能会致力于削减本地成本，如精益或约束理论，也可能致力于自动化，但这些似乎不足以缩小之前的价格差距。在第 2 章和第 3 章中介绍了相关观点，并阐述了企业是如何改进运营的。

政治和经济因素的作用

发展和管理全球供应链网络的决策必须考虑到全球政治和经济环境。如今的政治和经济环境越来越复杂并且高度动荡，企业必须不断对其进行评估。政治不稳定和对外国企业的敌意是需要认真考量的因素。汇率波动可能有助于全球运营，但也可能损害全球运营，企业需要仔细进行分析。区域贸易协定，如北美自由贸易协定（North American Free Trade Agreement，NAFTA），以及贸易保护机制，如关税和触发价格机制，也会影响全球化运营决策。这些因素既有可能利于全球运营，也可能对全球运营造成巨大阻碍，企业必须认真衡量。

企业通常会查看东道国当前或未来的政治体系，以评估其政治风险。需要谨记的是，国际企业总是会面临一些政治风险。例如，由于货币机制不稳定，外国客户可能无法全额或按时付款。此外，在分析一个国家的政治风险水平时，企业需要评估许多政治风险。在政治形势不稳定的情况下，企业必须考虑其产品和客户的安全。一般的政治不稳定风险可能不会严重到导致投资者在一个国家撤资，但会增加海外项目的不确定性。

许多风险都与政治不稳定有关。一种是所有权风险，当企业面临政府接管或征用时，所有者可能会失去其海外财产。这被称为贸易保护主义和贸易国有化。另一种是运营风险，当东道国的政府政策阻碍诸如金融、市场营销或房地产等商业运营活动时，就会产生这种风险。还有一种是转移风险，即政府政策对货币汇率产生不利影响的风险。例如，当政策导致货币贬值或经济停滞不前时，可能会影响企业将资本转移出东道国的能力。当企业在另一个国家创造财富时，本国政府可能会强制其返还相当一部分财产。这就是所谓的收益遣返。

企业无法预先知道风险范围，但是应该能够预测风险发生的可能性或概念，并制订应急计划来应对风险。企业需要考虑以下几个问题。

（1）恐怖主义是政治格局的一部分吗？恐怖主义、国内动乱和政变会严重影响国际贸易。例如，恐怖主义往往发生在最意想不到的时候，国家开放边界时，恐怖分子更容易执行其计划，恐怖主义更令人担忧。发生恐怖袭击不仅会给公众带来恐惧，还会对一个国家的经济和贸易造成许多其他的负面影响。其他事情也会受到影响，如出行和旅游。企业在计划全球运营时，必须考虑到这些可能性。

（2）腐败会有影响吗？企业会不会发现自己不得不向政府官员支付越来越高的款项？企业必须仔细研究政治环境，了解这些因素可能会造成什么样的后果。

（3）法律环境是什么样的？另一个需要考虑的问题是法律问题。各国的法律和法规均不相同。企业在国外做生意时，必须遵守那个国家的法律，以保证工人的安全。

汇率波动

汇率是指一种货币与另一种货币之间的兑换比率。汇率也被视为一国货币相对于另一国货币的价值。例如，美元的同业汇率约为91日元，即1美元可以兑换91日元，或者91日元可以兑换1美元。汇率是由外汇市场决定的，外汇市场对各种不同类型的买方和卖方开放。通货膨胀率对货币汇率有非常大的影响。当一个国家的通货膨胀率上升时，该国货币的价值就会降低。在本国货币贬值时从事对外贸易，使用同样的钱从另一个国家购买的产品和服务会比原来少。在管理全球运营和供应链时，这些都是需要认真考虑的问题，特别是因为这些波动可能会在意想不到的时候迅速发生。

假设你是一家美国制造商，预计从法国采购的物料价格是每磅300

欧元。这似乎没有什么问题，但当你发现汇率为1.40，你必须支付420美元时，物料的价格突然间比你想象的贵多了。如果不提前考虑汇率和这种类型的波动，企业可能会发现自己的购买力在一夜之间就下降了。

这些波动是连续发生的，可以持续几个月或几年。小的波动可以接受，不会造成大的影响。然而，大的波动可能会对全球运营产生巨大影响。这可能意味着，本国货币的购买力会突然下降，而你没有做错任何事情。如果企业开展海外业务的国家的货币突然贬值，对于全球运营经理来说可能是一场噩梦。供应链管理者必须将这些波动融入其管理战略，也可以运用某些战略最小化这些风险对企业的影响。

在全球经济市场中，货币的买卖和其他产品一样。当一个国家的货币为强势货币时，购买其他国家产品的成本降低。然而，这会造成本国通货膨胀。此时，国内企业也会面临困境，因为国内生产的产品价格变高，吸引力降低。当一个国家的货币为弱势货币时，国内企业的国际销售力增强，但国内消费者对国际产品的购买能力会下降。

最小化汇率波动风险的一个战略是最大限度地提高运营弹性。这可以通过分散生产地点和有效利用全球采购网络来实现。当本地货币汇率变动时，由于产地分散在全球，企业可以将生产转移给成本较低地区和供应商。例如，如果本地货币持续贬值，将大部分采购向本地供应商转移可以成为企业的优势。然而，如果企业认为未来需要转变战略，持续保持合作关系可能会对未来有所帮助，那么企业可能仍然希望从成本没有那么低的其他国家的供应商那里采购部分资源。

欧洲和日本的汽车制造商都采取了这一战略，比如丰田将生产转移到美国市场。2006年，丰田在得克萨斯州圣安东尼奥市开设了最新的装配厂，并选择了当地供应商，以增加从美国向欧洲和日本的出口量，增加对美国物资的采购份额。同样，大众将生产从德国和斯洛伐克转移到墨西哥，同时也增加了对北美零部件的采购份额。拥有全球设施网络或与多个国家的供应商建立合作关系的企业可以有效地实施这一战略。

区域贸易协定

贸易协定是国家、地区之间通过取消或降低关税、配额和其他贸易壁垒来鼓励一个区域发展贸易的协定。其目的是保护该区域的贸易，并通过给予该协定的成员优先权来促进区域发展。贸易协议，也称为贸易协定，包括各种各样的工具，如税收、关税和贸易条约，其中贸易条约通常包括某种类型的投资担保。最常见的贸易协定是优惠和自由贸易协定，其目的是减少（或消除）两国之间或两地区之间进行贸易的关税、配额和其他贸易限制。

政府可以制定与其他国家进行贸易的条例。禁止本国企业与某些国家进行贸易，这被称为贸易禁运。当发生贸易禁运时，严厉的限制就是制裁。禁运和制裁的原因有很多，但最常见的原因是一国政府希望通过经济手段获得与另一国谈判的筹码。在一些情况下，政府禁止某些产品在国外销售，如武器或危险化学品。此外，政府可能会反对一国的生产资料，或拒绝与该国进行贸易。

为了促进贸易，全球范围内出现了许多贸易组织，例如欧盟和北美自由贸易区，这些贸易组织超越了单一国家的范畴，以区域发展为目标。

亚洲和环太平洋地区的国家之间也有许多贸易组织，如亚太经合组织（Asia-Pacific Economic Cooperation，APEC）。亚太经合组织有包括美国、中国和日本在内的 21 个成员。这对企业构建全球供应链网络的方式产生了重大影响，因为企业必须意识到此类贸易协议提供的机遇和限制。

北美自由贸易协定的建立取消了近 7,000 项个人关税、关税和非关税贸易壁垒。例如，北美自由贸易协定改变了美国企业返销的状况。返销是指免税进口物料和设备，这些物料和设备在外国进行组装或制造，然后将组装或制造的产品出口，通常出口转内销。美国的返销型企业使廉价的生产劳动力成为可能，而且只对产品低成本劳动力部分征收关税。北美自由贸易协定取消了关税壁垒，从而改变了企业返销的状况。

非关税壁垒影响

大多数人都听说过进口产品的税收和关税阻碍了全球贸易。然而，由于关税及贸易总协定（General Agreement on Tariffs and Trade，GATT）和世界贸易组织（World Trade Organization，WTO）大幅降低了发达国家间大多数工业品进行贸易的关税，关税已成为一种没那么重要的贸易保护形式。关税及贸易总协定和世界贸易组织促成了全球贸易的兴起。然而，正是非关税壁垒——各种形式的间接、非价格贸易保护，成了影响全球进出口贸易的障碍。下面介绍一些最重要的非关税壁垒。

进口配额是对进口数量的限制，是最常见的非关税壁垒形式之一。例如实施纺织品配额，工业化国家限制从其他国家进口纺织品，以保护国内的纺织品行业。另一个非关税壁垒是触发价格机制，即规定外国出口商的最低销售价格。例如，运用触发价格机制来抵制外国制造商在高科技领域产品的倾销。还有一种形式的非关税壁垒是制定原产地规则，规定增值的某一部分必须在出口国国内生产。例如，欧盟制定了严格的原产地规则。这促使德州仪器（Texas Instruments）和英特尔（Intel）在欧洲建造半导体生产设施，因为新的原产地规则导致半导体处理量增加。

其他非关税壁垒包括运用与消费者安全、健康、环境、标签、包装和质量标准等事项有关的技术标准和卫生条例。

各国提出了许多非关税壁垒来保护本国企业。尽管做出了这些努力，全球贸易仍在蓬勃发展。世界各国的条例和标准越来越统一，使得管理全球供应链变得更加容易。

讨论题

（1）列出促进全球化和国际贸易发展的因素。

（2）讨论国内贸易与全球贸易的区别。影响国际市场的全球环境因素有哪些？

（3）讨论"走向全球"的好处，然后说明如何应对"走向全球"的困难。

（4）全球消费者如何影响企业的运营？

（5）定义两种营销类型（全球化营销和本地化营销）。分别举例说明这两种营销类型最适用的情况。两者总是相互排斥的吗？说明为什么。

（6）低成本劳动力是吸引组织走向全球的原因之一。但是雇佣低成本劳动力会带来哪些挑战呢？

（7）解释国际组织在运输、基础设施和供应商方面面临的地理挑战。

（8）定义回流趋势。

（9）什么是总拥有成本？列出总拥有成本的所有要素，说明每一要素对全球企业的重要性。

（10）如果一个组织决定发展全球供应链，它会面临什么风险？

（11）供应链管理者如何应对运营战略中的币值波动？

（12）解释非关税壁垒的重要性。国家为什么会提出非关税壁垒？

06

评估绩效的指标和框架

指标和衡量的重要性

大多数人都听说过一些关于衡量标准绩效的口号，"能够被衡量的工作才能被完成""如果你不衡量结果，你就无法区分成功与失败""如果你认识不到成功，你就无法从中吸取经验；如果你认识不到失败，你就无法纠正失败""如果你不能衡量它，那么你既不能管理它，也不能改进它"。虽然这些都是口号，或者说陈词滥调，但强调了管理企业的现实状况和衡量绩效的重要性。这些在管理运营领域尤其适用。

思考一下质量管理领域。企业向客户承诺和交付的产品质量的各个维度可能都非常高，如客户满意度和客户留存率。但是，整体业务的成功取决于企业对自身业务的全面了解，而不仅仅是对特定维度的了解。企业通过开发和运用有效的指标来比较这些业务信息。

为什么需要指标呢？指标可以是任意类型，用于衡量公司业绩中某些可量化的部分。指标用于推动企业发展，并帮助企业将人力和资源都集中在重要的方面。回想一下第1章，运营管理是指协调组织的所有资源以将投入转换为产出。指标可以帮助我们判断自身是否在正确地做事情。公司可以采用的指标范围很广，从出于法律、安全或合同目的的强制性指标，到为了提高效率、减少投诉、增加利润和降低成本的跟踪性指标。总的来说，指标应反映并支持组织所有职能和战术运营的各种战略，包括财务、市场营销、竞争、标准、客户期望。指标能反映公司的优先权，并为绩效、目标和野心提供窗口。

最重要的是，指标有助于组织回答以下问题。

（1）公司的发展现状是什么？

（2）公司的发展方向是什么？

（3）现存的问题是什么？

（4）组织是否实现了目标？

如果不知道目标是什么，我们怎么知道什么时候实现了目标？为了最大限度地受益于指标，保持指标的简单性是非常重要的。企业常犯的一个错误就是使用太多、太复杂以至于无法理解的指标。使用这些指标生成的报告可能看起来令人印象深刻，但可能没有人能清楚地看出绩效到底怎么样。员工需要了解指标，了解如何利用指标帮助自身的工作，以及公司对他们的期望值。例如，一个指标的目标是"将投诉量降低到每月两个"，这样的表达比"我们希望每个月的投诉量降低50%"更加清楚。第二种表达根本不具体。这种沟通方式是经常被忽视的细节，员工需要具有良好的意识，需要知道成功可能是什么样子的，这是非常重要的。

好的指标对组织有以下作用。

（1）驱动战略。好的指标可以帮助组织权衡发展方向。指标可以帮助组织判断战略是否有效。没有衡量指标，组织就无法知道战略是否有效。

（2）聚焦重点。好的指标可以帮助组织、部门或员工聚焦重点。衡量指标有助于将员工的注意力集中在对成功最重要的方面。

（3）帮助制定决策。指标应该明确定义衡量单位、衡量对象、收集频率、数据质量、预期价值和目标、阈值。

（4）驱动绩效。好的指标可以确保有效衡量正确的事情。指标应该可以被验证，以确保收集数据的准确性。

（5）衡量成就。指标随着组织的发展而变化和发展。好的指标可以衡量成就，而不仅是衡量所完成的工作。

（6）促进交流。好的指标可以营造良好的内部和外部公共关系。指标可以为沟通交流提供通用语言。

使用指标进行衡量的主要目的是评估绩效水平，分析正在发生的事件。然而，对于绩效衡量最有帮助的是，准确定位问题领域，并将注意力集中在最能提高整体业务绩效的行动上。如果没有好的绩效衡量指标，很容易陷入一种常见的陷阱——人们忙于各种各样的活动，但却很少取得显著成果。有效的绩效衡量指标应该承担起指南针的作用，引导企业朝着能够在过程层面产生有效成果的方向前进，而这些成果直接与公司目标挂钩。

许多制造商将重点放在了错误的绩效问题上。实际上，你很难改进那些没有正确的衡量方式的东西。企业需要把精力集中在真正重要的活动上，而这项压力必须由企业的最高管理者向下施加。最高管理者可以强调提高绩效的必要性，但只有当企业衡量正确的绩效因素并实施奖励机制时，才有可能提高绩效，否则一切都不会改变。如今，世界级的制造商会不断跟踪影响商业成功的最重要的过程绩效因素，如从下订单到交货的周期时间、吞吐量、库存水平、运营费用和客户满意度。

不恰当的衡量指标往往会导致管理者对情况做出错误的判断，进而导致不良行为继续发展。

例如，当一家企业通过销售激励市场营销，但运营管理者希望保持低库存时，激励措施之间就会出现矛盾。客户服务可能会受到影响，或者库存水平可能过高。同样，获得尽可能低的价格也很重要，但确保所需物料不间断供应，以维持生产进度和按时交付给客户更为重要。思考一下物料短缺的实际成本。衡量采购物料的最高价值需要综合多个指标，包括价格、质量和是否能准时交货。

让整个组织始终关注正确的目标并朝着正确的方向前进并不容易。通常情况下，管理者认为，其上级将完成的工作视为正式或非正式衡量体系中重要的事情。通过人们会对指标做出的反应，决定以后应该使用什么样的指标。例如，如果最高管理者强调降低库存的重要性，组织可能会侧重于关注衡量库存水平的指标，而忽略库存水平对客户服务的影响。请记住，如果绩效衡量体系没有明确的侧重方向，衡量体系就会执行错误的行动。如果一家企业的绩效指标相互冲突，那么这些指标肯定具有不同的价值观和方向，而且其中许多指标的价值观和方向肯定与公司的商业战略脱节。如果期望价值不统一，组织就几乎不可能朝着相同的目标前进。这使得重新评估企业如何衡量业务绩效具有高度优先权。

管理者必须尽力指导组织的所有层次关注正确的优先权。正如第 1 章中所讨论的，世界级企业都知道，提高绩效需要将商业战略与日常行动联系起来。指标可以推动提高绩效，鼓励企业和员工采用正确的反应和行为。财务业绩是衡量企业是否成功的最终指标，但财务业绩不是驱动成功的因素。从历史经验来看，企业只关注财务指标。后文将会介绍财务指标通常可以反映其他绩效变量。企业需要直接衡量其他绩效变量才能提高这些绩效，而且这些绩效最终会影响财务绩效。

企业应该遵循确切且严格的步骤来设立要使用的指标。以下 5 个步骤涵盖了设立组织指标或过程指标的基本要素。

（1）定义指标。所有的指标都应该被明确定义，以便组织能够对成功进行基准测试。保持指标可理解性的一种方法是使用所谓的 SMART 模型（Specific= 特定的，Measurable= 可衡量的，Achievable= 可实现的，Relevant= 相关的，Time-based= 基于时间的）。模型中的"可实现的"尤为重要。设定不可能实现的目标是没有意义的，因为如果这样，人们甚至在开始工作之前就会感到挫败。后文将更详细地介绍 SMART 模型。应用 SMART 模型的关键是确保目标能够实现。

需要注意的是，应该谨慎设定指标，否则指标可能会因为激励错误的绩效而损害业务。以公交公司为例，如果一家公交公司的指标是能按时完成既定路线的公交车数量，那么这可能会导致公交车司机超速、闯红灯、抄近路、漏掉或跳过公交站，或者为了尽快走完路线而鲁莽驾驶。指标不应该鼓励员工采取消极行动。请记住，组织成员的表现是以指标为基础的。这些指标会推动绩效，因此企业需要谨慎设定指标。

（2）获得高级管理者和员工的认可。任何新指标的成功实施都需要高级管理者的批准和参与。企业文化的改变必须由高级管理者引导，从公司高层开始做出改变。此外，指标反映组织的优先权，而高级管理者必须支持这一点。开发一套新的衡量绩效的指标可能会遭到整个公司的反对，因此新指标需要高级管理者的认可，需要开放式交流，让每个人都参与进来。此外，将奖金与指标挂钩可能是指标获得认可的一种有效方式，但奖金必须能够反映指标的优先权。例如，如果公司说安全是第一要务，但随后只将个人奖金总额的 10% 分配给安全计划，这就向员工发送了一个矛盾信息，会对员工造成一种印象——安全只是"口头服务"。因此，指标非常重要，企业必须谨慎考量。

（3）知道需要什么样的数据以及如何收集这些数据。企业设定了指标，但最后发现过程或工具（或二者）无法生成需要的数据，这样的情况并不少见。企业需要清楚地知道所需的数据以及如何收集这些数据。否则，企业可能会发现，其需要在数据收集上耗费资金，并且费用可能会很高。这些都是必须提前考虑的问题。

此外，指标需要非常可靠，任何人对指标的计算结果都应该是相同的。指标还需要是标准化的，无论是在国内或国际上，无论是在单个或多个部门，收集数据的方式最好完全相同。伪造指标对任何人都没有好处。为了实现真正的发展，参与指标衡量的每个人都需要完全诚实。不幸的是，这可能会造成一些疑问——为什么企业的表现不如人们想象的好。但是，认识企业的真实状况也是改善企业的第一步。

（4）衡量和分享结果。这可能看起来是一个平淡无奇的步骤，但很多公司不辞辛劳地设计指标，购买昂贵的工具，实际上却并没有根据衡量结果做出太多改变。这通常是因为企业设置了太多的指标。将指标数量保持在可管理的范围内是非常重要的。对于企业来说，使用 5 个有意义的指标要比使用 50 个并不会使用的指标要好得多。

在理想情况下，指标应该在整个组织中共享，从而创造向其他人学习的机会。在世界级组织中，尤其是在那些实施全面质量管理原则和精益系统的组织中，领导们会定期召开会议，回顾进展，分享经验和成果，并探讨问题。

（5）确保持续改进已成为衡量过程的一部分。持续改进的概念也适用于指标。在使用指标时，企业不能忘记组织需要不时地修改其指标。这一过程是非常必要的，因为随着时间的推移，企业会不断发展和变化。随着企业的不断发展，确保这些指标仍然能够衡量企业想要衡量的东西是非常重要的。

回想一下，战略是随着竞争环境的变化而变化的，因此指标也需要不断改进。如果指标已经过时，再使用这些指标就没有意义。设定指标的目的是改善业务，因此公司需要设定具有挑战性但也切实可行的指标。这比设定容易实现或已经实现的指标更有价值。

指标类型

我们在前文中介绍的所有过程创新和运营管理都具有相同的思路——使用指标或衡量标准来评估绩效。例如，在前文中，我们介绍了精益或适时生产（JIT）对公司的影响，并讨论了如何缩短订货交付周期、降低成本和改进质量。所有这些都涉及要评估的指标或衡量标准。直到最近，管理者还只是简单地看待指标，并不知道企业实际需要的衡量指标和现在正在使用的衡量指标有什么区别。例如，当企业重点关注订货交付周期的影响时，企业会侧重于衡量订货交付周期的实际时长。企业认为缩短订货交付周期可以降低成本。然而，现实情况有所不同，真正的关注重点除了订货交付周期本身之外，还需要衡量订货交付周期的结果。令高管和经理们普遍感到挫败的是，订货交付周期的缩短、准备时间的缩短和质量的提高并没有体现在财务底线上。如前文所述，企业在关注财务指标时忽略了一个事实，即财务指标只是其他业务驱动因素的反映。对指标的关注不应局限于内部运营管理系统，还应延伸到供应链。公司越来越意识到，制定和选择真正可以衡量结果的、合适的指标是非常重要的。

正如本章开头提到的，指标是一组衡量标准，用于衡量绩效并量化结果。指标有不同的类型，可以通过不同的方式进行分类。绩效指标量化绩效单元。项目指标会告诉公司项目是否达到目标。业务指标运用可衡量的方式定义业务进度。作为一种衡量标准，指标可以是定量的（如95%的库存精度）或定性的（如我们的客户评价我们提供的服务高于平均水平）。指标应与公司想要向客户传递的价值相一致。

许多管理者已经认识到指标的重要性。例如，彼得·德鲁克（Peter Drucker）曾说：“可以被衡量的事情才能得到良好的管理。”（1）除了本章开头引用的语录外，还有许多其他著名语录。例如，“如果你不保持得分，你就只是在练习。”“没有指标的战略只是一个愿望。与战略目标不一致的指标只会浪费时间。”“小心对待你要衡量的事情，你可能才刚刚明白它是什么。”最后一句话强调，企业通过衡量某项工作来向其员工、经理、利益相关者和行业分析师表明，某项工作是非常重要的。

指标提供许多重要的功能，具体如下。

（1）控制。指标使管理者能够控制和评估组织的绩效、在组织中工作的人员的绩效以及运营过程的效率和有效性。指标使得管理者能够了解当前的绩效，并做出必要的改变来控制绩效。指标还使员工能够控制自己的设备和绩效，并能够根据标准发现错误。因此，指标可以使组织的所有层次都得到控制。

（2）报告。这是指标最常见的功能。我们使用指标向组织的其他成员和外部机构（如环境保护局或银行）报告绩效，并最终跟踪自己的绩效。选择和报告正确的指标对于企业评估和与所有关键利益相关者分享绩效来说至关重要。对于个人来说，通过报告记录工作表现也很重要。

（3）沟通。这是指标非常重要但常被忽视的功能。我们使用指标告诉内部和外部人员价值的构成元素，以及我们认为的成功的关键因素。如前文所述，人们不了解价值，但他们了解指标。因此，公司实施的价值会影响制定的指标类型。此外，选择的指标会告诉其他人我们重视的是什么。请记住，"可以被衡量的事情才能得到良好的管理"。我们与他人沟通重要的绩效指标，并以此方式沟通战略、愿景和竞争优先权。

（4）改进。指标能明确实际绩效和预期绩效之间的差距。改进发生在我们不得不缩小那些我们不希望产生的差距的时候。差距的大小、差距的性质（无论是积极的还是消极的）以及活动的重要性决定了是否需要管理层弥补这些差距。此外，指标可以准确地告诉我们，我们的短板是什么。例如，一些指标可能会告诉我们，企业的整体业绩低于预期，但其他指标可能有助于准确地找出业绩不良的根源。

（5）达成期望。指标可用于设定内部期望（组织内部的所有成员）与外部期望（客户、供应商和其他利益相关者）。指标有助于达成客户和供应商的期望。例如，如果公司向客户声明，将在第二天上午9:30前交货，那么公司已经规定了一个时间指标。而且公司也为客户设定了期望值。如果第二天上午9:30之后才交货，客户会因这一期望而对公司失望。

在大多数运营管理系统中都可以找到不同类型的指标。理解指标差异的一种方法是，在研究指标时，关注各种类型的指标。主要的指标类型有两种。第一种是组织层次的指标，用于衡量组织内的不同绩效水平；第二种是基于预测和结果的指标，其目的是预测。下面更为详细地看看这两种指标。

组织层次指标

不同的指标对应组织内的不同层次。最高层次的指标对应整个组织。然后是职能层次，再然后是个人层次。每个层次的绩效都很重要，提供有关组织的不同信息。一般来说，至少有 4 个不同组织层次的指标。最高层次的是组织指标或组织衡量标准。这些是描述组织绩效的指标。组织层次通常就是指公司层面。组织层次的绩效一般以市场份额、回报率或增长率来表示。指标也可以是职能指标。

职能指标使得我们可以衡量一个职能或团体的绩效，如采购、服务或制造。活动指标或个人指标是针对个人或活动的指标（如在特定机器上生成单位产出需要的时长）。产品指标通常用于衡量产品性能，如单位成本、单位贡献利润率或销售增长额。

正如你已经知道的，每个计划层次都有不同的目标和要求。因此，每个层次都需要自己的指标类型。一个指标无法适用于所有层次。不同的指标向组织的不同成员提供不同的信息，如图 6-1 所示。

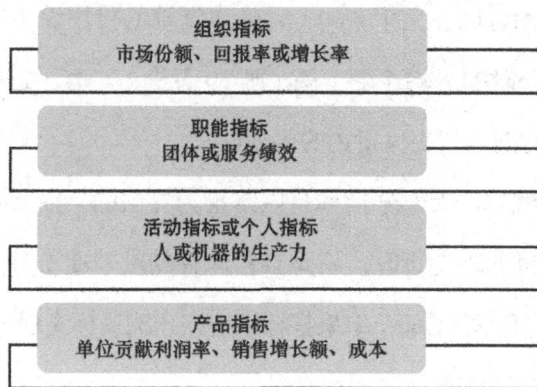

图 6-1　组织层次指标

预测性指标和结果指标

这是指标的一个重要分类，可用于预测绩效或事后评估绩效。预测性指标（也称为过程指标）可以帮助我们预测实现某个目的或目标的概率。相比之下，结果指标（也称为产出指标）是仅在活动结束之后产生的指标。基于结果的指标可以告诉我们任务完成后的绩效如何。

以下示例可以帮助你了解这些指标类型之间的差异。假如你的公司接到一个大客户的紧急订单，大客户要求加快运送货物。现在是上午 8:00，货物必须在中午之前交付给客户。该客户位于距离你的工厂大约 100 英里（1 英里约为 1.6 千米）的地方。结果指标会准确记录货物到达客户家门口的情况。货物在中午或在中午之前的任何时间到达都会被标记为"准时"，其他的情况都会被视为迟到。结果指标之所以会受到影响，是因为它们是事件发生之后的指标。我们只会在活动结束之后知道自身的表现，但是此时采取任何纠正措施都为时已晚。这样的指标通常会谴责我们一次又一次地重复同样的错误。而预测性指标采用不同的方法。我们首先要注意开始时间（上午 8:00）、合适资源的可用性（如交通工具的可用性）和每小时的平均速度（每小时 50 英里）。有了这些信息，我们就可以预测准时向客户交付货物的可能性。

在许多系统中，大部分指标是以结果为导向的，而不是预测性的。例如，我们衡量准时交货时，不是查看库存精度、准备时间或完成特定运营或过程的总时间。因此，结果指标系统在预测目标实现可能性的方面，向管理者提供的信息很少。

指标的另一种分类方法是按其组织层次进行分类，如战略指标和运营指标。这些与第 1 章和第 2 章中讨论的组织决策水平相对应。战略指标产生于长期战略，跟踪企业未来 12～18 个月的发展。例如，我们想要制造具有最高可靠性的产品吗？如果是，我们需要跟踪行业内的产品可靠性排名。我们想要成为市场的领导者吗？如果是，战略指标需要跟踪这些目标。另外，运营指标跟踪战略目标的关键驱动因素，如盈利能力。运营指标包括收入、利润率、员工增长量、是否能准时交货、产品质量和其他"业务基础"。最后，面向问题的指标解决企业在短期内面临的关键挑战。例如，我们在收取应收账款和控制特定领域的成本方面是否存在问题？在这个例子中，我们可能需要一个指标来衡量这个问题，使问题显现出来，才有更大的机会解决问题。

所有这些指标对于组织的不同层次来说都非常重要。战略计划必须明确目标、战略目标和行动，以及管理层和股东用于判定成功与否的最终绩效指标。最高管理层的绩效通常可以用销售量、市场份额、现金流、利润、投资回报率、股息和市场价值来衡量。然而，对于运营管理来说，这通常与战略计划脱节。这种脱节是由于那些可以推动财务结果的业务过程和活动缺乏一致性，且缺乏适当的衡量计划。这种在目标、战略、过程和活动之间不一致的绩效衡量常常不能得到充分理解，管理层也没有给予应有的重视。管理层所定义的战略层次的关键成功因素必须真切地与业务过程和活动层次联系起来。将企业绩效的真正驱动因素成功连接起来是有效衡量绩效的前提。

组织在评估组织绩效时应该考虑指标间的平衡，可以使用绩效"计分卡"进行评估，后文将会对其进行介绍。这些指标共同反映绩效情况。通常，运营指标会年复一年地保留在你的计分卡上。战略指标长远来看也会发生变化。当问题被解决时，在计分卡上删除面向问题的指标，为新出现的问题腾出空间。

权衡优先权

前文已经介绍了竞争优先权。我们还说明了运营管理部门需要特别关注一些优先权，而不是关注所有优先权。其原因是，当更多的资源都用于一个优先权时，留给另一个优先权的资源就更少了。由于资源匮乏，运营职能必须重视那些直接支持商业战略的优先权。我们再怎么强调二者的联系也不为过。因此，运营管理部门需要在不同的优先权之间进行权衡，权衡结果需要反映在用于判断绩效的指标中。

例如，一家公司在产品中使用最高质量的零部件，并以此作为竞争优势。由于零部件质量高，公司的最终产品的价格可能不是最低的。在这个例子中，公司在质量和价格之间进行权衡。因此，在与竞争对手进行比较时，用于评估绩效的指标应侧重于质量而不是成本。类似地，一家根据客户要求单独生产每种产品的公司很可能无法基于速度竞争。在这个例子中，公司在柔性和速度之间进行权衡。因此，用于判断绩效的指标可能是不同产品选项的数量，而不是生产速度。另外，思考一下前文介绍的用于激励行为的指标的第二个例子中，如果公司基于速度设定指标，员工很可能会匆忙投入生产，放弃柔性。

重要的是要知道，每一家企业都必须实现每一个优先权的基础水平，即使企业的主要关注点只是部分优先权。例如，即使一家公司不基于低价进行竞争，但它的产品价格也不能非常高，否则没有客户愿意为之买单。同样，即使一家公司不基于时间进行竞争，但它仍然必须在合理的时间范围内生产出产品，否则没有客户愿意等待其产品生产出来。这就是订单赢得要素和订单资格要素之间的区别，这点在第 3 章中介绍过。订单赢得要素影响公司能否在市场上"赢得"订单，公司需要根据这些维度设定衡量绩效的指标。无论如何，一家公司必须达到"订单资格要素"的最低标准。因此，企业也需要衡量这些要素。

衡量过程绩效的几个指标

为了提高所有业务过程绩效或组织绩效，公司必须拥有客观的绩效信息。回想一下，运营管理是管理组织的转换过程，其关键问题是了解公司在实现转换过程中的表现如何。下面几个指标有助于了解这一过程的表现。

生产力

生产力是衡量组织绩效最常见和最重要的指标之一。生产力衡量公司将其投入转化为产出的表现如何。生产力是一种比率指标，计算公式如下。

$$生产力 = 产出 / 投入$$

产出和投入可以用货币或其他计量单位表示。一般来说，组织通过提高产出、减少投入或同时提高产出和减少投入来提高生产力。生产力指标的一些例子如下。

（1）处理的客户来电量与员工工作时长之比。

（2）生产的产品数量与机器工作时长之比。

（3）销售收入与人工、物料和机器成本之比。

前两个例子代表了单因素生产力衡量指标。单因素生产力衡量的是相对于单一投入的产出水平。在第一个例子中，我们关注的是员工每小时处理的来电量，而第二个例子关注的是机器每小时生产的产品数量。在这些例子中，我们只想观察其中一个因素的生产力表现，如员工或机器。这里的假设是，产出和投入之间存在一对一的关系。

在其他情况下，我们会想知道整体生产力，如一家公司或一个部门的生产力。当难以区分各种投入产生的影响时，衡量整体生产力尤为重要，这时可以使用多因素生产力衡量整体生产力。第三个例子就是衡量整体生产力。销售收入是一种产出，取决于多种因素，包括劳动力、物料和机器成本。仅仅考虑劳动力成本可能并不合适，尤其是在可以通过抬高一些其他成本（如机器成本）来降低劳动力成本的情况下，多因素生产力衡量指标可能更适合这种情况。

虽然许多公司使用一些通用的生产力衡量指标，但组织通常会根据自己的特殊需求设计生产力衡量指标。公司使用生产力衡量指标来比较自身与其他组织的绩效，也会将自己的当前绩效与历史绩效水平或设定的目标进行比较。

效率

另一个与绩效有关的重要指标是效率。生产力衡量指标是将产出与投入进行比较，而效率衡量指标是将实际产出与标准产出进行比较。效率的计算方式如下。

$$效率 = （实际产出 / 标准产出）× 100\%$$

标准产出是指在一定的资源水平下应该生产的产品数量。这个标准可能是基于详细的研究，甚至是历史结果。效率指标表示实际产出在标准产出中的占比。若效率值低于100%，则表明过程没有发挥出它的潜力。考虑这样一种情况：公司对流水线上的每位工人的期望是，每人每小时生产30个产品。而实际上，约翰每小时生产25个产品，乔希每小时生产32个产品。因此，每个工人的效率计算如下。

$$效率（约翰）=（25/30）\times 100\% = 83\%$$

$$效率（乔希）=（32/30）\times 100\% = 107\%$$

约翰目前的表现低于标准。如果他的效率始终保持在这一水平，管理层可能会对他进行额外培训，以提高他每小时的产出水平。

周期时间

与生产力和效率相关的反映过程绩效的第三个指标是周期时间。周期时间（也称为吞吐量时间）是完成业务过程所需的总运行时间。周期时间是非常有用的衡量过程绩效的指标，它是其他两个指标的补充。生产力衡量指标将反映投入转换为产出的表现如何，效率可以反映相对于标准，目前的表现如何。而周期时间可能会表明进程速度存在的问题，也可能会提供其他指标值低于期望值的原因的线索。原因在于，为了缩短周期时间，组织和供应链通常必须在其他方面有良好的表现，如质量、交付、生产力和效率方面。

周期时间的另一个优势是它是一个非常明确的指标。每个公司对于成本数据、质量水平或生产力等所有这些指标的计算和解释可能都不同，但用于完成业务过程的周期时间都可以被直接测量出来。

除了以绝对值测量周期时间外，查看增值时间的占比通常也非常有用。增值时间占比是指实际提供价值的活动的时间在总周期时间中的占比，计算如下。

增值时间占比 = 增值时间 / 总周期时间 ×100%

例如，快速换油中心的增值时间占比通常是多少？虽然客户可能在换油中心花费了一个小时，但换油这一活动的实际时长通常只需要约 10 分钟。根据上面的公式，快速换油中心的增值时间占比计算如下。

增值时间占比 = 10 分钟 /60 分钟 ×100% = 16.7%

周期时间不是一个完美的衡量指标。因为周期时间刺激速度，而这可能是以牺牲质量为代价的。因此，使用周期时间来衡量过程绩效的公司也应该使用其他衡量指标，以确保在缩短周期时间的同时，不会以牺牲其他一些关键绩效指标为代价。

衡量客户服务

通过单一的指标无法实现衡量企业客户服务的目的，我们必须考虑许多因素。例如，我们必须考虑企业如何定义客户服务。

客户服务可以用一种或多种方式定义。第一，可以将客户服务看作一项需要管理的活动或功能，如处理订单、开发票、处理客户退货或客户投诉。第二，可以将客户服务看作一种绩效衡量指标。例如，可以将其视为特定参数的实际绩效，如在 24 小时之内运送已接订单的能力或准时交货的数量。第三，可以将客户服务看作一种哲学。客户服务可以作为整体企业理念或策略的一部分进行衡量，而不仅仅是作为一项活动或绩效指标。如果组织将客户服务视为一种理念，或者可能将客户服务作为组织战略的一部分，那么组织很可能成立正式的客户服务部门并设立各种绩效衡量指标。

这 3 个层次传达了为达到客户满意需要做什么、如何衡量以及如何可视化。一般来说，客户服务被定义为提供竞争优势并增加供应链利益以向客户提供最大化总价值的过程。

如果客户服务不重要，就没有其他重要的问题了。客户服务是做生意的必需品。客户对服务的定义可能不同。企业可能需要在不同的地方或工厂以不同的包装交付同一产品给同一客户。而且，所有的客户的盈利能力都不一样。每个客户能给公司创造的利润均不同，客户与公司之间关系也不是单一的。正如我们期望供应商能对我们的需求敏感一样，客户也期望我们对他们的需求敏感。客户服务可以让客户忠诚于公司并创造附加值。下面介绍构成客户服务的要素。

客户服务要素

客户服务要素可分为 3 类：交易前要素、交易要素和交易后要素。这些类别与市场交易阶段相关联，并与客户在销售前、销售中和销售后产生相互作用。

客户服务的交易前要素往往与组织的客户服务政策有关，会强烈影响客户对组织的看法及客户总体满意度。这些要素直接关系到运营，因为其会影响运营结构和基础设施的构成。与交易前要素相关的一个方面是客户服务政策的书面声明。这项政策定义服务标准，而这些标准往往与客户需求相联系。企业应该制定下列指标，包括跟踪服务绩效的指标、报告实际绩效的频率指标，并且指标应该可以测量和执行。客户可能会收到企业的书面政策声明。客户服务政策会影响运营，因为它必须确定所需的设施，进而确保特定的客户服务水平。

交易前要素包括以下3条。

（1）制定客户服务政策。

（2）为客户服务创建组织结构。

（3）提高系统柔性以优化客户服务政策。

交易要素是那些通常被认为与客户服务有关的要素，是构成交易的要素，包括以下内容。

（1）最大限度地减少缺货。

（2）提供订单信息。

（3）执行订单周期要素。

（4）加快运输速度。

（5）最大限度地减少转运。

（6）保持系统精度。

（7）满足订单要求。

（8）准备产品替代品以保持服务水平。

以下是交易阶段必须包含的具体指标。

（1）缺货水平。缺货水平衡量产品可用性。缺货水平应由产品经理和客户进行监测，以便更好地跟踪潜在问题，因为缺货会对客户忠诚度造成严重的影响。当缺货发生时，企业应尽可能通过提供合适的替代品、将产品从其他地点转移到客户手中、在缺货产品运达后加快运输速度来维护企业的信誉。

（2）订单信息可用性。互联网的便捷性使得如今的客户对获得与其订单相关的所有类型的信息有很高的期望。这包括库存状态信息、订单状态信息和预计或实际发货日期的信息。这个过程应该简单且方便。订单信息还应该包括延期交付订单的状态信息。跟踪延期交付订单的状态非常重要，因为客户非常关注交付问题和例外情况。企业应按照客户类型和产品类型跟踪延期交付订单，以便发现重复出现的问题并及时解决问题。

（3）系统精确度。除了能够快速获取各种数据外，客户还希望他们收到的订单状态信息和库存水平信息是精确的。事实上，信息缺乏精确度可能会引起客户的严重反感，会损害企业信誉。当发现任何不精确之处时，企业应该尽快留意和纠正。对于持续存在的问题需要企业高度重视并采取重大的纠正措施。对于客户和供应商来说，应对时间延迟问题和纠正书面文件错误的代价是非常大的。

（4）订单周期一致性。订单周期是指从客户下订单开始到客户收到产品或服务的总时间。订单周期的要素包括订单录入（如果与下订单分开来看）、订单处理、订单拣选、运输包装、运输时间和实际交付过程。因此，如果销售人员从客户处获得订单，放置了 5 天才录入订单，那么订单周期时间就会增加 5 天，而配送中心并不知道这 5 天的存在。客户往往更关心订货交付周期的一致性，而不是订货交付周期的绝对时间，因此，监测订单周期的实际绩效并在必要时采取纠正措施是非常重要的。然而，如今越来越强调产品可用性而不是总周期时间，产品可用性得到更多的关注。后文还将对此进行介绍。

（5）特殊运送处理。特殊运送处理涉及无法在整个正常交付系统中管理的所有订单。出现这种情况可能是因为产品需要加速运输或有特殊的运输要求。这种情况的运输成本要比标准运输下的运输成本高出许多。然而，失去客户带来的成本可能会更高。企业应该判断哪些客户或状况需要特殊处理，哪些不需要特殊处理。

（6）转运。转运是指在不同配送地点之间运输产品，以避免缺货。这在零售业非常常见，例如，客户在一个地方购买产品，而这种产品在该地缺货，那么就需要转运。这有助于留住客户，但成本可能会很高。拥有多个配送地点的公司应该制定一些有关转运的政策。否则，公司可能会发现，其需要延迟交货或从不止一个地点直接向客户发货。

（7）订单便利。订单便利是指客户下订单的便利程度。客户更喜欢与用户友好度高的企业打交道。令人困惑的表格、不规范的表格或电话等待时间过长都会导致客户高度不满。企业应该衡量订单的便利性，并采取措施以避免出现此类问题，如可采取直接与客户交谈。企业应该留意问题并纠正问题。

（8）产品替代。产品替代发生在订购的产品不可用但可被同一产品的不同尺寸替代，或者可被性能相同或更好的不同产品替代的情况下。企业应该衡量产品替代品的可用性以及替代品与缺货的关系。

交易后要素或后续行动涉及在销售完成后了解客户满意度。这通常涉及客户调查或后续电话回访，这些都是重要的反馈工具。交易后要素包括以下4个。

（1）安装、保修、维修、改造。

（2）产品跟踪。

（3）处理客户索赔、投诉、退货。

（4）临时更换产品。

重要的关键绩效指标

关键绩效指标（Key Performance Indicator，KPI）是一种绩效衡量指标。组织可以使用关键绩效指标来评估组织是否成功，或者评估组织参与的特定活动是否成功。有时，成功被定义为在实现战略目标方面取得进展，但通常成功只是重复、周期性地实现某种水平的运营目标（如零缺陷、100% 客户满意度等）。因此，组织需要清楚地知道哪些工作对于自身来说是重要的，才能选择正确的关键绩效指标。尽管组织使用了前面介绍过的许多衡量指标，但关键绩效指标在组织中起着至关重要的作用。

与制定所有指标一样，制定关键绩效指标也是一项挑战。指标是否重要通常取决于衡量绩效的部门。例如，对财务有用的关键绩效指标与分配给销售的关键绩效指标肯定是不同的。因为需要知道对于整个组织来说什么是重要的，评估业务现状的各种技术及业务关键活动都与关键绩效指标选择有关。这些评估通常有利于发现改进业务的潜在可能性，因此关键绩效指标通常与绩效改进计划相关联。选择关键绩效指标的一个常见方法是应用管理框架，如平衡计分卡，在下一节会继续介绍相关内容。

关键绩效指标不同于业务驱动因素和组织的目的或目标。例如，企业可能会把回头客的收入占比视为潜在的关键绩效指标。收入占比只能衡量绩效，并不能反映驱动绩效的因素。

确定关键绩效指标的关键阶段如下。

（1）预先定义业务过程。

（2）明确业务过程要求。

（3）定量或定性衡量结果，并与既定目标进行比较。

（4）调查与定性目标的差异，调整过程或资源来实现目标。

关键绩效指标可用于定期评估组织、业务单元、部门和员工的绩效。因此，关键绩效指标通常是可理解、有意义和可衡量的。

前文提到过 SMART 模型，制定关键绩效指标可以遵循 SMART 标准。这意味着关键绩效指标具有特定的（Specific）业务目标；关键绩效指标是可以衡量的（Measurable）；定义关键绩效指标的标准必须是可实现的（Achievable）；关键绩效指标的改进必须与组织的成功是相关的（Relevant）；关键绩效指标必须是基于时间阶段的（Time-based），这意味着价值或结果会在预先设定的时间显现出来。为了评估关键绩效指标，企业会将其与目标价值联系起来，以便评估衡量出来的实际价值是否符合预期。

衡量系统和框架

运营经理以多种不同的方式衡量、监测和评估绩效。以下内容将概述与衡量系统和框架相关的工具，这些衡量系统和框架可以保证业务运行，并使业务沿着成功的轨道发展。

监测的可选项

监测绩效有许多不同的选择。我们经常听到诸如"计分卡""仪表盘""报表""关键绩效指标"之类的术语。下面将介绍它们之间的区别以及它们对衡量绩效做出的贡献。

许多人混淆了仪表盘和计分卡这两个术语，实际上二者有着显著的区别。一方面，计分卡是一种报表类型，它显示一组关键绩效指标以及每个关键绩效指标的绩效目标。计分卡有许多不同的类型，其中常用的是平衡计分卡，后文将对其进行详细介绍。另一方面，仪表盘只是一种将一批计分卡和报表、视图组织在一起的可视化工具。换句话说，仪表盘包含一批其他监测选项，如计分卡、报表和关键绩效指标。因此，仪表盘只是包含这些指标的可视化辅助工具。典型的仪表盘可能包含计分卡、分析报表和分析图表，但也可能有许多其他类型。一些仪表盘的用户交互性很强，而一些仪表盘则只显示静态图像。

报表是一种根据特定的业务需求将数据转换为格式化信息和有组织的信息的呈现方式。在仪表盘上可以看到的报表类型包括分析图表、网格和 Excel 报表。报表可以是简单的静态图像，也可以是高度交互的数据呈现。许多报表使公司能够对报表中包含的数据进行排序、筛选、向上钻取和向下钻取。这使得信息合成成为可能。这些都是重要的工具。请记住，我们需要一种方法来组织这些指标，以帮助我们做出决策。这些工具就可以帮助我们。

计分卡依据目标衡量绩效。这就是它的名字的由来——依据目标得分。通常情况下，计分卡显示图形指标，直观地显示组织在实现特定目标过程中所有的成功之处或失败之处。计分卡以一批关键绩效指标为基础，每个指标代表组织绩效的一个方面。总的来说，关键绩效指标提供组织在特定时间点的绩效的简要说明。

计分卡与关键绩效指标有什么不同呢？回想一下，在前文的讲述中，我们知道了关键绩效指标是与目标相关联的指标。关键绩效指标通常会显示出当前指标与预定目标之间的距离。关键绩效指标分数及其目标旨在让业务用户看一眼就知道结果是否达标。例如，衡量零售业成功与否的一个常用指标是"同店销售额"。如果某个商店的销售额每年都在增长，管理层会将其视为发展得相当不错的店铺；如果这家店的业绩不如往年，管理层很可能会担心，会为每个店铺制定合理目标，如销售额每年增长10%，并且相应地设定关键绩效指标。

仪表盘上展示的关键绩效指标应该有效地提供有关绩效的可视化线索。例如，红色表示存在问题，黄色表示存在潜在问题，绿色表示绩效达到目标或超过目标。其他的指标类型，如检查标记或笑脸，可以用于创建一个完整的可视化计分卡。需要再次强调的是，这些指标的目标是更清晰地展示绩效，让公司更快速地发现问题。

此外，我们可以将这些工具关联起来，因为这些工具分别提供了关于公司绩效及其指标的不同信息。这些报表可以清晰地将组织当前的绩效展现出来。

平衡计分卡

计分卡有许多不同的类型，可以将指标组合起来评估绩效。常用的是平衡计分卡。平衡计分卡是一种战略绩效管理工具，是不完全标准的结构化报表，管理者可以使用平衡计分卡跟踪其控制范围内员工的活动执行情况，并监测各种组织行动产生的后果。平衡计分卡是所有此类框架中常用的类型。平衡计分卡发明于20世纪90年代初，自那以来，平衡计分卡作为一种绩效衡量工具，已经发展成有效的衡量框架和战略计划的工具。许多组织将平衡计分卡视为有效执行组织商业战略（曾在第1

章中介绍过）所需的工具。其原因在于，平衡计分卡的设计使战略具有可操作性，并为战略执行，调动、调整高管和一般员工，以及使战略成为持续的过程提供路线图。

简单来说，平衡计分卡本质上是一组综合反映整体业务绩效的总结性指标。为了创建平衡计分卡，组织会选择指标，选择的指标既需要涉及输入变量和结果，也需要涵盖财务绩效和商业运营的其他方面。使用这种方法的领导者能够更好地了解公司的运营绩效对财务结果的影响，反过来，这也提高了领导者的工作效率。

初始平衡计分卡涉及的领域

平衡计分卡的概念由罗伯特·卡普兰（Robert Kaplan）和大卫·诺顿（David Norton）于 20 世纪 90 年代初提出，其目的是解决他们认为的普通业务衡量系统或指标的不足之处。1996 年，他们出版了第一本关于平衡计分卡的书《平衡计分卡：化战略为行动》（*The Balanced Scorecard: Translating Strategy into Action*）。这本书出版之后，平衡计分卡开始流行起来。从那时起，许多组织成功地运用了平衡计分卡。

在使用平衡计分卡之前，许多公司只关注财务指标，将财务指标作为绩效衡量指标。然而，这些指标只能反映过去的绩效，无法帮助公司预测和改进未来的绩效。此外，如前文所述，财务指标只是展示绩效，而不能反映绩效驱动因素。为了真正改进绩效，公司必须衡量驱动因素。卡普兰和诺顿就是想要衡量驱动因素，他们希望纳入额外的指标，涵盖业绩的其他方面以及财务结果的驱动因素。有了平衡计分卡，企业领导者可以更全面地了解企业绩效，更好地了解问题所在。

初始的平衡计分卡涉及 4 个关键绩效领域。

（1）财务指标。提供财务绩效信息，通常涉及收入和支出。

（2）客户指标。评估客户服务经历，评估企业满足客户需求和期望的能力。

（3）业务过程指标。相关指标可以反映内部过程效率，使领导者发现和纠正可能对财务指标和客户满意度造成损害的问题。

（4）学习和成长指标。为管理者提供有关员工满意度和发展的信息。

这些关键领域如图 6-2 所示。正如你所看到的，这些要素都是联系在一起的，并且与组织的战略、愿景相关联，与我们在第 1 章中阐述的一致。它们共同对所有关键维度的绩效进行可视化展示。

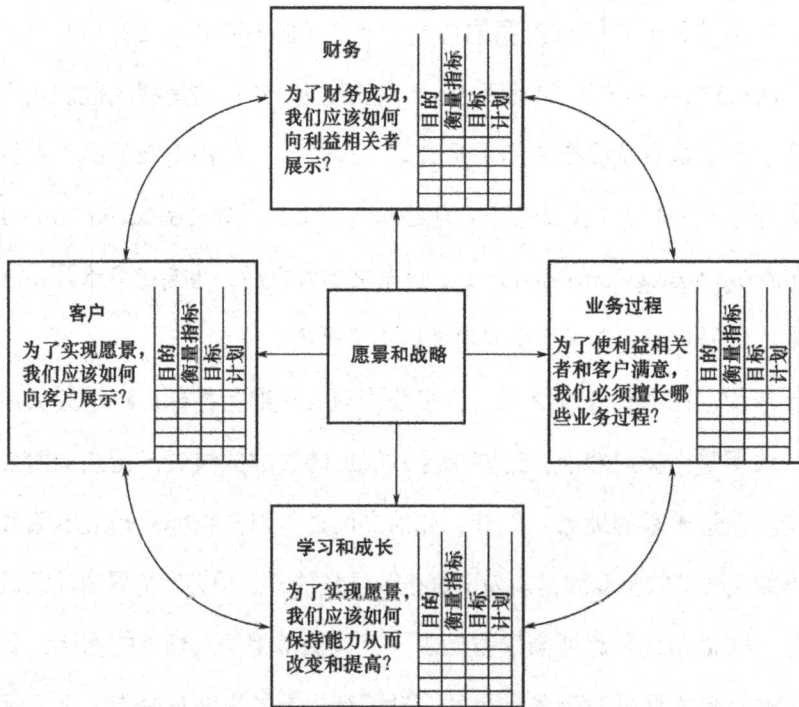

图 6-2　平衡计分卡要素

平衡计分卡已经从最初简单的绩效衡量框架演变为完整的战略计划和管理系统。"新型"平衡计分卡将组织的战略计划从有吸引力但被动的文档转变为该组织每天的具体绩效措施。平衡计分卡不仅可以提供绩效衡量框架，而且可以帮助计划人员明确应该做什么和衡量什么。平衡计分卡使得管理者能够真正执行他们的战略。

初始平衡计分卡及其衍生产品的主要特点是，在一份简洁的报表中，将财务指标和非财务指标分别与"目标"值进行比较。这份报表并不是要取代传统的财务或运营报表，而是一份简明总结，展示和报告与阅读者相关的信息。正是这种明确相关信息的方法（如用于选择内容的设计过程）最能区分流通工具的各种版本。平衡计分卡也能反映企业愿景和使命。在准备平衡计分卡时，必须始终参考企业愿景和使命。基本上，平衡计分卡提供绩效"模型"或绩效概要。

新型平衡计分卡

平衡计分卡的第一个版本规定，其方向应该来自企业战略和初拟的设计方法，这些企业战略和设计方法侧重于选择与实施战略所需的主要活动的相关衡量指标和目标。虽然这是合理的，但现代版本的平衡计分卡已经将其进一步发展。现代平衡计分卡思想于 20 世纪 80 年代末和 20 世纪 90 年代初提出，如今已经发展得更为强大。这些新型平衡计分卡更为灵活，以适应更多的服务类型，包括服务业和传统制造业等。新型平衡计分卡也更为有效，因为设计方法的不断发展使得其更易于使用。

平衡计分卡的设计归根结底是要确定少量关键指标。设计平衡计分卡时要求设计过程与更广泛的战略思想和业务过程管理思想相适应，并将其与战术绩效相关联。然而，重要的是，平衡计分卡本身对战略的形成不起任何作用。事实上，平衡计分卡可以与战略计划系统和其他工具共存。企业可以设计自己的战略，然后运用平衡计分卡将战略与整个组织的运营指标相关联。

设计初始平衡计分卡需要为每个维度选择 5～6 个优质的衡量指标。证明所选指标的合理性是这种类型的平衡计分卡面临的主要设计挑战。商界人士通常会问："在你可以选择的所有指标中，你为什么选择这些指标？"使用这种设计过程很难回答这个常见的问题。如果用户对平衡计分卡中的指标没有信心，那么他们对平衡计分卡提供的信息也会没有信心。请记住，要取得成功，任何指标——即使是平衡计分卡使用的指标，都必须得到组织的认可。

20 世纪 90 年代中期出现了一种改进初始平衡计分卡的设计方法。新方法根据一组战略目标选择指标，这些战略目标会在所谓的战略联动模型或战略地图上被绘制出来。通过这种改进方法，战略目标分布在 4 个衡量维度，"连接成点"，呈现可视化的战略和指标，如图 6-2 所示。

为了绘制战略地图，管理者为每个维度选择几个战略目标，然后通过建立这些目标之间的联系来定义目标的因果链。战略绩效指标的平衡计分卡是直接从战略目标中衍生出来的。这种类型的平衡计分卡为选择的指标提供更强的背景依据，而且对于管理者来说更容易实施。这种类型的平衡计分卡自 20 世纪 90 年代初开始被广泛使用，其方法与最初提出的方法有着显著的不同，因此可以认为它代表了自发明平衡计分卡以来，平衡计分卡采用的第二代设计方法。

　　平衡计分卡的这种改进方法仍然存在一些设计问题，但比它所取代的设计要成功得多。20 纪 90 年代末，设计方法又一次得到改进。刚刚描述的第二代设计存在的一个问题是，绘制 20 个左右的中期战略目标之间的因果关系仍然是一项相对抽象的活动。实际上，它忽略了一个事实——需要创造干预和影响战略目标的机会。战略目标不是静态的，而是随着时间的推移而变化的，因此平衡计分卡需要将这一点反映出来。这一点已经添加到了新版本中。另一个问题是，这些目标的影响需要能够被测试。因此，人们创造了另外一个设计工具，这个工具被称为愿景陈述或目标陈述。这个工具会陈述战略成功或战略最终状态是什么样子。然后企业可以制定指标和目标来支持这一愿景。新版本的平衡计分卡又一次被改进，以加入这些功能。

使用平衡计分卡的好处

　　使用平衡计分卡的好处有很多。当企业使用平衡计分卡时，管理者除了关注底线之外，还需要关注客户和员工的看法。这将提高客户和员工的留存率，有利于企业更好地发展。平衡计分卡还将重点放在过程绩效上，这是全面质量管理和六西格玛等质量管理方法中的一个关键要素，这点已经在前文中阐述过。此外，平衡计分卡使领导者能够了解财务结果的驱动因素，从而能够主动改进绩效，而不仅仅是等待已完成行动的评估结果。

　　使用平衡计分卡需要考虑很多因素。理想的平衡计分卡会融入基于企业战略和核心价值观一致性选出的指标。它会将所有利益相关者考虑其中：客户、一般员工、股东或所有者。领导者应该能够直接向下钻取得到运营层面的平衡计分卡指标，以便将员工个人绩效指标与平衡计分卡指标相关联。

讨论题

（1）定义指标。指标可以做什么？指标可以帮助组织确定什么？

（2）注意好指标的标准。最佳指标是简单的还是复杂的，具体的还是抽象的？如果组织的绩效指标很差会发生什么情况？

（3）列出设定组织指标的5个步骤。为什么每一个步骤都对整个过程的成功至关重要？

（4）讨论组织层次指标。它们是如何相互关联的？它们有什么不同？

（5）区分预测性指标和基于结果的指标。

（6）定义生产力公式。企业如何提高生产力？

（7）如何计算效率？效率价值衡量的是什么？

（8）明确定义客户服务的3种方式。为什么客户服务有3种不同的定义？

（9）客户服务的"交易"阶段必须包括哪些特定的指标？为什么在这个特定的阶段必须包含这些特定的指标？

（10）组织如何制定关键绩效指标？

（11）讨论平衡计分卡。为什么平衡计分卡是有效的绩效衡量工具？

（12）解释平衡计分卡的历史以及其如何演变为现在的版本。

（13）在使用平衡计分卡的诸多好处中，组织领导者可以使用平衡计分卡衡量什么?

参考文献

Peter F. Drucker. *Management Challenges for the 21st Century* [M]. New York: Harper Business, 2001.